혼자 리드하지 마라

최고의 팀을 만드는 10가지 기술

Never
Lead

혼자 리드하지 마라

키이스 페라지 지음 | 이소영 옮김

Alone

알에이치코리아

나의 최고의 동반 성장 파트너,

케일에게 이 책을 바칩니다.

"더 나은 협업과 강력한 팀워크를 통해 전문적이고 개인적인 관계를 향상시키고 싶은 사람이라면 반드시 읽어야 할 책입니다."

_ **제이미 이아논**Jamie Iannone, **이베이**eBay CEO

"지금 우리에게는 이론이 아닌 실천 가능한 로드맵이 필요합니다. 비범한 팀을 만드는 법에 관한 이 책이 바로 그 답입니다."

_ **에드 맥러플린**Ed McLaughlin, **마스터카드**Master Card **사장 겸 최고기술책임자**CTO

"페라지는 사람들을 모아 깊이 있는 대화를 이끌어 내는 독보적인 능력을 지닌 리더입니다. 그는 이 통찰을 '팀십'이라는 개념에 고스란히 담아냈습니다."

_ **뤼시앵 알지아리**Lucien Alziari, **프루덴셜 파이낸셜**Prudential Financial **부사장 겸
최고인사책임자**CHRO

"불확실하고 빠르게 변화하는 세계에서는 팀십을 통해서만 최고의 통찰력을 얻을 수 있습니다.《혼자 리드하지 마라》는 오늘날 팀이 획기적인 성과를 내기 위한 실천 방법을 보여 줍니다."

_ **베줄 소마이아**Bejul Somaia, **라이트스피드**Lightspeed **글로벌 파트너**

"페라지의 지속적인 연구와 쉽게 실행할 수 있는 팀십 프로세스 덕분에 조직들은 진정으로 번영할 수 있을 것입니다!"

_ **폴 베이**Paul Bay, **잉그램 마이크로**Ingram Micro CEO

"《혼자 리드하지 마라》의 개념과 실용적인 도구들은 오늘날의 시장에서 승리하고, 획기적인 변화를 만들어 내는 데 필수적인 요소입니다."

_ **디파 소니**Deepa Soni, **하트포드 파이낸셜 서비스 그룹**Hartford Financial Services Group
최고정보책임자CIO **겸 최고운영책임자**COO

"협력적인 참여와 문제 해결이 팀의 성과를 급속도로 향상시킬 수 있다는 신선한 관점을 제공합니다."

— 릭 맥코넬Rick McConnell, 다이나트레이스Dynatrace CEO

"이 통찰들은 앞으로 나아가려는 모든 리더들에게 매우 가치 있는 조언이 될 것입니다."

— 밥 캐리건Bob Carrigan, 오더블Audible CEO

《혼자 리드하지 마라》는 엘리트 팀에서 높은 성과를 내는 팀원이 되는 기준을 제시합니다."

— 아나 화이트Ana White, 루멘 테크놀로지스Lumen Technologies 최고인재책임자CPO

"모든 팀원들에게 꼭 필요한 필독서입니다."

— 밥 투히Bob Toohey, 올스테이트Allstate 수석 부사장EVP 겸 최고인사책임자

"이 책은 마스터카드가 중요하게 여기는 가치—함께 성장하고, 협업하며, 다양한 관점을 통해 혁신을 이끄는 능력—를 고스란히 담고 있습니다."

— 마이클 프라카로Michael Fraccaro, 마스터카드 최고인재책임자

"페라지는 팀이 신뢰를 구축하고 포용을 증진하며 탁월한 성과를 내기 위해 효과적으로 협업할 수 있도록 훌륭한 지침서를 제공합니다."

— 콜린 월시Colin Walsh, 바로 머니Varo Money CEO 겸 공동 창업자

"팀십은 기업을 한 단계 도약시킬 새로운 언어이자 실천 방식이 될 것입니다."

— 스콧 살미르스Scott Salmirs, ABM 인더스트리ABM Industries CEO

"페라지는 현대 협업의 핵심인 '책임 공유'의 본질을 탁월하게 포착해 냅니다."

— 션 베어Sean Behr, 파운틴Fountain CEO

"이 책의 원칙들은 도전적이고 날카롭지만, 깊이 연결된 고성과 팀을 빠르게 만들어 내는 데 핵심적인 요소입니다."

— 셰인 그랜트Shane Grant, 다논Danone 부대표

"페라지는 오늘날 꼭 필요한 새로운 팀에 대한 관점을 제시합니다. 많은 이들이 이 책을 읽기를 바랍니다."

— 브래컨 대럴Bracken Darrell, VF 코퍼레이션 CEO

《혼자 리드하지 마라*Never Lead Alone*》의 핵심 메시지는 단순합니다. 리더십은 더 이상 개인의 활동이 아니라는 것입니다. 현대 조직의 복잡성은 이미 한 사람의 리더가 혼자서 문제를 해결할 수 있는 수준을 넘어섰습니다.

뛰어난 성과를 내는 조직은 제가 '팀십Teamship'이라 부르는 방식으로 운영되었습니다. 이는 솔직함candor, 공동의 책임shared accountability, 그리고 집단적 문제 해결collective problem solving을 기반으로 일하는 방식입니다. 20년에 걸쳐 3,000개 이상의 경영진을 연구한 결과, 복잡한 환경에서 요구되는 수준의 개방성과 공동의 책임, 신속한 문제 해결 능력을 일관되게 보여 주는 팀은 약 15%에 불과했습니다. 그들은 솔직함을 실천했고, 서로에게 건설적으로 도전했으며, 성공과 실패를 공동의 결과로 받아들였습니다.

이 책이 출간된 이후 조직을 둘러싼 변화의 속도는 더욱 빨라졌습니다. 글로벌 불확실성, 새로운 업무 방식, 그리고 최근 급격히 부상한 인공지능에 이르기까지 이 모든 변화는 우리가 일하는 방식과 의사결정의 구조를 근본적으로 바꾸고 있습니다. 흥미로운 점은 이러한 흐름에 성공적으로 대응하고 있는 조직들은 더 이상 개별 리더에게 의존하지 않는다는 사실입니다. 그들은 오히려 팀이 함께 일하는 방식을 더욱 강화하고 있습니다.

오늘날 가장 성공적인 AI 네이티브 스타트업들 역시 놀라울 만큼 유사한 방식으로 운영되고 있습니다. 기술과 시장이 빠르게 변화하는 환경에서는 의사결정 속도가 더 신속해야 하고, 정보는 더 자유롭게 흐르며, 팀은 끊임없이 적응해야 합니다.

AI는 개인과 조직이 이룰 수 있는 성과를 획기적으로 확장시키고 있습니다. 그러나 AI가 팀을 대체하지는 않을 것입니다. 앞으로의 일은 점점 더 인간과 AI가 함께 문제를 해결하는 '인간-AI 팀'에 의해 수행될 것이며, 그러한 환경에서 팀이 어떻게 소통하고, 서로의 생각을 점검하며, 함께 의사결정을 내리는지가 더욱 중요해집니다. 그것들을 위한 행동 방식이 바로 팀십이 구현하고자 하는 핵심입니다.

한국의 리더들에게는 이러한 메시지가 특히 의미 있게 다가올 수 있겠습니다. 한국 조직은 오랫동안 높은 실행력과 강한 집단적 헌신으로 잘 알려져 왔습니다. 거기서 더 높은 수준의 개방성과 상호 간의 도전, 공동의 문제 해결 능력을 강화한다면 글로벌 경쟁이 심화되는 환경에서 강력한 경쟁 우위로 이어질 것입니다. 조직이 인간-AI 팀을 통해 점점 더 복잡한 업무 시스템으로 나아가는 지금, 리더들이 서로에게 도전하고 함께 문제를 해결하는 능력은 조직이 갖춰야 할 가장 중요한 역량입니다. 그리고 바로 그 지점에서 이 책의 메시지는 다시 한번 분명해집니다.

리더십은 혼자서 완성되지 않습니다.

성과는 개인이 아니라 팀을 통해 만들어집니다.

이제 '혼자 이끄는 리더십'에서 '함께 실행하는 팀십'으로 나아갈 때입니다.

2026년 3월

키이스 페라지

'왜 어떤 조직은 위기 앞에서 하나가 되고, 어떤 조직은 같은 위기 앞에서 뿔뿔이 흩어지는 걸까?'

AI가 모든 것을 바꾸고 있다고들 합니다. 업무 방식도, 필요한 역량도, 조직의 구조도 빠르게 재편되고 있습니다. 그런데 정작 들려오는 이야기는 기술의 변화가 아니라 사람의 문제입니다. AI 도구를 도입했으나 누가 어떻게 써야 할지 아무도 결정하지 못하고, 새로운 전략이 나와도 현장은 여전히 각자도생입니다. 변화의 속도는 빨라졌는데 함께 방향을 잡고 움직이는 힘은 오히려 약해진 것처럼 느껴집니다.

이런저런 회의를 하지만 가장 중요한 이야기는 회의실 밖 복도에서, 담배 한 대를 피우며, 혹은 퇴근 후 술자리에서 이루어집니다. 목표는 위에서 내려오고, 왜 그 목표인지 함께 고민하는 자리는 없습니다. 동료는 협력자가 아니라 나를 피곤하게 하는 존재가 되어 버리고, 결국 더 높은 연봉을 주는 곳이 나타나면 두 말 않고 떠나는 게 당연한 선택이 됩니다. AI 시대의 변화에 올라타야 한다는 압박은 커지는데, 함께 움직이는 방법을 모르는 조직은 그 압박이 오히려 또 다른 분열과 소진으로 이어지기도 합니다.

마이크로소프트의 변화와 조직 문화의 중요성에 대해 쓴 책 《당신은 다른 사람의 성공에 기여한 적 있는가》 출간 후 수많은 한국 기업 독자들의 이야기를 접할 수 있었습니다. 그리고 다양한 데이터에서 그 뿌리에는 늘 같은 문제가 있다는 것을 확인했습니다. 2024년 한국경영자총협회 조사에 따르면 20~40대 직장인의 69.5%가 이직을 고려하고 있습니다. 연봉도 문제일 테지만, 이직 시도율이 낮은 기업들의 공통점을 분석해 보자 워라밸, 동료 관계, 그리고 표현의 자유에서 만족도가 높은 것으로 나타났습니다. 결국 사람들이 떠나는 이유의 상당 부분은 '함께 일하는 방식'에 있다는 뜻입니다.

저는 이 문제를 단순히 관찰자로서 고민한 것이 아닙니다. 저는 그 변화를 몸소 겪었습니다.

제가 마이크로소프트에 처음 입사했을 때 회사 내부는 지금의 모습과 달랐습니다. 내부 경쟁이 극심했고, 팀원 간 협력보다 개인 성과가 우선이었습니다. 그러다 회사는 큰 위기를 맞았습니다. 모바일과 클라우드로 세상이 빠르게 재편되는 동안 마이크로소프트는 뒤처지고 있었고, 문화적 경직성이 핵심 원인 중 하나로 지목되었습니다.

사티아 나델라Satya Nadella가 CEO로 취임하면서 변화는 전격적으로 시작되었습니다. 기술 전략의 변화만이 아니었습니다. 조직 문화 자체가 바뀌었습니다. 그 변화를 가장 극적으로 보여주는 것이 바로 성과 평가 방식이었습니다. "당신은 올해 무엇을 달성했습니까?"라는 질문 옆에 전혀 다른 질문이 추가되었습니다. "당신은 다른 사람의 성공에 어떻게 기여했습니까?" 개인의 성과만큼 파트너십을 평가의 중심에 놓겠다는 선언이었습니다. 저는 그 변화가 조직 전체에 퍼져 나가는 과정을 가까이서 지켜보았고, 사람들이 서로를 대하는 방식이 실제로 달라지는 것을 경험했습니다. 그 드라마틱한 변화를 계기로 파트너십과 팀십의 문제에 깊이 빠져들었습니다.

하지만 마음 한편에는 늘 아쉬움이 있었습니다. 마이크로소프트는 외국계 기업인 데다 IT라는 특수한 산업적 맥락 위에 있습니다. 제가 목격한 변화가 아무리 극적이었다 해도, 이곳의 경험이 과연 제조업이나 서비스업 같은 다른 업계에도 그대로 통할까, 대기업뿐 아니라 중소기업에도 적용될 수 있을까 하는 의문이 늘 따라다녔습니다. 규모와 업종을 가리지 않고, 한국의 다양한 현장에서 실제로 작동할 수 있는 파트너십 모델은 무엇인가. 그 질문에 답을 찾기가 쉽지 않았습니다. 그 아쉬움을 이 책《혼자 리드하지 마라》가 채워 주었습니다.

글로벌 기업에서 먼저 검증된 팀십의 언어

《혼자 리드하지 마라》는 출간 직후 〈USA 투데이〉 베스트셀러에 올랐고, 〈포브스〉가 선정한 2024년 10대 비즈니스 도서 중 하나로 꼽혔습니다. 저자 키이스 페라지는 마스터카드, 인텔, 스타벅스, 제너럴 모터스 같은 대형 기업과 빠르게 성장하는 유니콘 기업들, 그리고 부탄 정부와 세계은행에 이르기까지 다양한 조직의 팀 성과를 혁신해 온 코칭 방법론을 이 책에 담았습니다.

이 책은 20년 이상의 연구와 3,000개 이상의 팀을 대상으로 한 진단 평가를 기반으로, 전 세계 고성과 팀 상위 15%가 가진 특성의 코드를 해독한 결과물입니다. 단순한 이론서가 아니라 현장에서 실제로 작동하는 검증된 실천 로드맵이기 때문에 이베이, 오더블, 마스터카드, 서비스나우 등 수십 개 글로벌 기업의 CEO와 최고임원들이 찬사를 보냈습니다.

저자의 연구 데이터에 따르면 팀십을 실천하는 팀은 솔직한 소통이 79% 증가하고, 협업이 46%, 책임감이 44% 높아졌습니다. 그러나 이 수준을 달성한 팀은 전 세계적으로 단 15%에 불과합니다. 나머지 85%의 팀은 지금 이 순간도 서로 공존하는 척하며 정작 중요한 말은 꺼내지 못한 채 하루를 보내고 있습니다.

진짜 문제는 한 사람의 리더가 아니라 팀 전체의 방식이다

이 책이 기존의 리더십 책들과 결정적으로 다른 점은 리더 한 사람을 바꾸려 하지 않는다는 것입니다. 저자는 '팀십Teamship'이라는 개념을 통해 팀 전체가 함께 리드하는 방식으로 전환하기 위한 10가지 구체적인 변화를 제시합니다.

핵심을 한마디로 요약하면 이렇습니다. 지금 대부분의 팀은 '공존'하고 있습니다. 각자 자기 일을 하고, 불가피할 때만 마지못해 협력합니다. 팀십은 공존을 '동반 성장'으로 바꾸는 것입니다. 팀원 모두가 공동의 미션과 서로에게 헌신하고, 함께 승리하고 서로를 끌어올리겠다는 약속을 실천하는 것이죠. 이에 따른 변화는 3가지 방향으로 동시에 일어납니다.

첫 번째는 관계의 변화입니다. 우연히 형성되는 관계에서 의도적인 신뢰와 결속으로, 갈등을 회피하는 문화에서 솔직하게 피드백할 수 있는 문화로, 리더만 코칭하는 구조에서 팀원 모두가 서로의 성장에 책임을 지는 구조로 전환합니다. 번아웃과 에너지 고갈도 개인의 문제가 아니라 팀이 함께 책임지는 문제로 다룹니다.

두 번째는 일하는 방식의 변화입니다. 회의가 협업의 전부였던 업무 방식에서 벗어나 비동기 도구와 AI를 전략적으로 조합한 '협업 도구 체계'를 설계하고, 불확실한 환경에 빠르게 대응하는 애자일 방식을 팀의 새로운 운영체제로 정착시킵니다.

세 번째는 문화의 변화입니다. 위에서 내려오는 인정과 평가에만 의존하지 않고 동료가 서로를 축하하는 문화, 다양한 배경과 관점이 실제 성과로 연결되는 포용의 문화, 그리고 영업과 운영처럼 서로를 피곤하게 여기던 부서들이 공동의 목표를 향해 함께 나아가는 협력의 문화를 만들어 갑니다.

이것은 단순히 조직 문화의 문제가 아닙니다. 팀십은 AI 시대의 성과와 직결됩니다. 하버드 비즈니스 스쿨이 P&G 직원들을 대상으로 진행한 연구에서, AI를 함께 활용한 팀은 그렇지 않은 팀보다 상위 10% 혁신 아이디어를 낼 가능성이 세 배 높았습니다. 그런데 흥미로운 것은 AI와의 협업이 항상 최상의 성과로 이어지지는 않았다는 점입니다. 소통의 장벽, 신뢰 부족, 팀 조율의 부재가 그 원인으로 지목되었습니다. AI 도구를 도입하는 것보다 팀이 함께 움직이는 방식을 바꾸는 것이 먼저라는 뜻입니다. AI 시대 인재에게 가장 중요한 자질을 묻는 설문에서도 창의성과 혁신성 다음으로 소통과 협업 능력이 꼽혔습니다. 팀십은 선택이 아니라 AI 시대를 제대로 활용하기 위한 전제 조건입니다.

한국의 일터를 위한 책

이 책을 번역 감수하면서 저는 독자들에게서 받았던 수많은 편지와 메시지를 떠올렸습니다. 영업팀의 긴급 요청에 쏟아지는 야근을 반복하며 '내가 하는 일은 덜 중요한가'라는 생각에 지쳐 가던 지원 부서 직원, 아이디어를 제안했다가 "예전에 해 봤는데 안 돼"라는 한마디에 입을 닫아 버린 신입 사원, 현실과 동떨어진 목표 앞에서 '내가 못해서 실패한 것처럼 느껴진다'며 자책하던 영업 담당자. 이 모든 장면들이 팀십이 부재할 때 일어납니다.

마이크로소프트가 그랬듯 어떤 조직이든 변할 수 있습니다. 그 변화는 거창한 선언이 아니라 팀 안에서의 작은 실천으로 시작됩니다. AI가 개인의 생산성을 빠르게 높여 주는 시대에는 혼자 잘하는 능력만으로는 부족합니다. 서로 연결되어 함께 더 크게 만들어 내는 힘, 그것이 앞으로의 경쟁력입니다.

이 책에서 소개하는 팀십의 10가지 전환이 한국의 일터 곳곳에 뿌리내려 언젠가 K-일터 문화가 전 세계가 배우고 싶어 하는 모델이 되는 날을 기대하며, 기쁜 마음으로 이 책을 여러분께 건넵니다.

이소영

마이크로소프트, 글로벌 전략 매니저

·· 차례 ··

일러두기

- 외래어 표기는 국립국어원의 표기법을 따르되 일부는 관용을 따랐다.
- 본문 하단의 각주는 모두 역자가 달았다.
- 단행본은 《 》로, 그 외 매체와 영화는 〈 〉로 표시했다.
- 국내에 번역·출간된 책은 번역서 제목을 따랐고, 그 외엔 역자가 우리말로 옮겼다.

팀십,
성과를 극대화하는
비밀 코드

팀십**Teamship**

궁극적인 경쟁 우위를 제공하는 팀십의 핵심 요소

(A) 전통적인 수직 구조에서 벗어나 팀원들이 공동으로 리드하며 서로를 성장시키는 방식으로 변화하는 것

(B) 표준적인 업무 습관에서 벗어나 폭넓은 최신의 협업 방식, 프로세스, 도구를 활용해 더욱 대담한 혁신과 신속한 의사결정을 이루는 것

내가 탈 라즈Tahl Raz와 함께 첫 번째 책인《혼자 밥먹지 마라 Never Eat Alone》를 집필했을 때, 그 책이 사람들의 관계와 네트워킹에 대한 사고방식을 얼마나 변화시킬지 예상하지 못했다. 기존의 네트워킹이 단순한 거래로 여겨졌다면, 나는 이를 '진정성을 바탕으로 남을 돕는 것에서 시작하는 관계'로 바꾸었다. 삶에서 원하는 목표, 이루고 싶은 사명, 경제적 번영, 가정과 지역 사회를 위한 성공, 이 모든 것을 이루기 위해서는 '핵심적인 몇몇 사람'이 필요하다. 이들과의 관계를 진심 어린 호의와 진정성 안에서 맺을 때 그 관계는 더욱 깊고 의미 있는 것이 된다. 이 개념은

1장 팀십, 성과를 극대화하는 비밀 코드

단순하지만 강력하며, 또한 즐거운 삶의 방식이기도 하다. 나는 이를 기반으로 내 커리어와 인생을 구축해 왔다. 하지만 나는 네트워킹이 내 삶의 궁극적인 목표라고는 생각하지 않았다.

수년 동안, 그리고 책이 성공을 거둔 이후에도 나는 《혼자 밥 먹지 마라》를 거의 외면하려 했다. 전 세계 많은 사람들이 내게 이 책이 자신의 인생을 바꿨다고 말했다. 나는 축복받았다고 느꼈지만, 사실 그 말을 마음 깊이 받아들이기는 어려웠다. 왜냐하면 나는 전혀 다른 목표를 가지고 있었기 때문이다.

그 목표는 내가 펜실베이니아주 라트로브에서 가난한 아이로 자랄 때부터 가졌던 것이었다. 철강 노동자였던 아버지가 실직 후 생계를 위해 아무 일이나 가리지 않고 하면서도 겨우 돈을 벌던 모습, 도랑을 파고 바닥을 닦으며 하루 20달러를 받던 어머니의 모습을 보면서 나는 어떻게 하면 사람들을 돕고 비즈니스를 변화시켜 조직을 더 나은 곳으로 만들 수 있을지 고민해 왔다. 이는 단순히 우리 가족과 같은 사람들뿐만 아니라 공동체 전체의 발전을 위해서도 중요한 일이었다. 팀을 변화시키는 것이 세상을 변화시키는 길이라고 생각했다. 나는 일하는 방식을 분석하고 그 원리를 찾아내는 데 관심이 있는 사람이었고, 실질적인 행동 변화를 이끄는 방법을 연구해 왔다. 이것이 바로 《혼자 리드하지 마라Never Lead Alone》가 다루고 있는 내용이다.

세상은 더 나은 팀을 만들기 위한 실질적인 로드맵이 필요하다. 이 책은 단순한 이론서가 아니라 실제로 우리가 어떻게 하면 뛰어난 팀원이 될 수 있는지, 그리고 우리가 배운 것을 어떻게 주변 사람들에게 적용할 수 있는지에 대한 실천 중심의 로드맵이다. 우리는 헌신적인 사람들로 이루어진 강한 팀과 함께할 때 비로소 기대 이상의 성과를 달성할 수 있으며, 나는 그 사실을 라트로브에서 어린 시절을 보내며 처음 깨달았다.

그리고 나는 한때《혼자 밥먹지 마라》에서 강조한 네트워킹이라는 개념에서 거리를 두려 했지만, 책이 출간된 지 20년이 지난 지금 내가 해 온 연구와 저술을 관통하는 변하지 않는 원리가 있다는 것을 알게 되었다. 오늘날의 업무는 유연한 네트워크 기반의 팀에서 이루어지며, 팀의 생산성은 전략적으로 설계된 관계에서 비롯된다는 것이다.

서로의 성장을 돕기 위하여

나의 아버지는 이탈리아에서 이민 온 실업 상태의 철강 노동자였다. 그는 1970년대 펜실베이니아 피츠버그와 러스트 벨트 전역을 강타한 철강 산업 붕괴의 희생자가 되었다. 어린 시절, 나는 아버지가 집에 돌아와 직장에서 일어나고 있는 일들에 대해 한탄하는 것을 자주 들었다.

아버지의 상사는 그에게 속도를 늦추라고 말하곤 했다. 왜냐하면 아버지가 동료들보다 더 열심히 일해 상사의 체면을 구기고 있었기 때문이다. 그리고 그의 빠른 작업 속도가 기준 단가piece rate 체계를 뒤흔들고 있었기 때문이다. 1970년대 신문 헤드라인에서는 '일본산 값싼 수입품'에 대한 기사를 많이 볼 수 있었다. 당시 사람들은 일본 노동력이 미국 시장을 잠식하며 불공정 경쟁을 일으키고 있다고 비난했다. 그러나 실제로는 전혀 다른 일이 벌어지고 있었다.

전사적 품질경영TQM은 미국 학자들이 만들었다. 이것은 현장의 팀들에게 더 높은 기대치를 부여하는 개념이었다. 즉, 아버지 같은 사람들이 팀을 이끌어 비약적인 성과를 달성하도록 하는 것이었다. 그리고 '불량률 제로Zero Defects'와 같은 목표를 달성하기 위해 팀원들에게 권한을 부여하는 것이 핵심이었다.

하지만 이러한 새로운 업무 방식은 기존 방식에 안주해 있던 철강 산업에서 무시되었다. 반면 일본 공장들은 이를 채택하여 더 저렴하면서도 더 높은 품질의 제품을 생산하고 있었다. 나는 대학에서 이 문제를 연구했고, 이것은 나의 신념을 형성하는 또 하나의 중요한 요소가 되었다. 팀을 변화시키면 조직 전체를 변화시킬 수 있다는 믿음이었다.

어린 시절 나는 아버지가 우리가 겪고 있는 고통에 대해 한탄하는 것을 들으며 앉아 있었다. 아버지는 실업 상태였고, 생계를 유지하기 위해 닥치는 대로 일을 하고 있었다. 어머니는 가정부로 일해야 했고, 그 일을 무척 싫어했다. 그러나 가장 중요한 것은 내가 열 살 때 아버지에게 다음과 같은 약속을 했다는 것이다.

"나는 자라서 (지금 생각하면 웃기지만) 펜실베이니아 주지사가 되고, 그다음에는 미국 대통령이 될 거예요. 미국 제조업을 바로잡을 거고요."

그 당시 나는 아무것도 몰랐다. 우리가 알고 있는 모든 사람들은 블루칼라 노동자 가정 출신이었다. 나는 그저 우리 가족 같은 가정을 돕기 위해 내가 상상할 수 있는 가장 높은 목표를 설정했을 뿐이었다.

만약 당신이 《혼자 밥먹지 마라》를 읽었다면 내가 결국 예일대학교에 진학했다는 것을 알 것이다. 그리고 이는 여러 훌륭한 후원자들의 도움 덕분이었다. 우리 집안처럼 대학에 간 사람이 아무도 없는 가정에는 연줄이란 것이 존재하지 않는다. 그러나 당신이 직접 구축한 네트워크를 통해 '자신만의 연줄'을 만들 수는 있다. 즉, 조직도상에서 공식적인 권한을 가지지 않은 리더들이 부서 간 장벽을 넘어 협력하면서 비범한 성과를 달성할 수 있다는 것이다.

예일대에서 나는 실제로 정치에 도전했다. 코네티컷주 뉴헤이븐 시의회 선거에 출마한 것이다. 이 이야기는 〈뉴욕타임스〉에도 보도되었고, 그 소식을 들은 펜실베이니아의 유력 인사들이 전화를 걸어왔다. "예일을 졸업하면 돌아와라. 우리가 너를 지원할 테니 출마하라." 그렇게 해서 나는 정치에 도전할 준비를 했다. 예일대를 졸업하면서 나는 2가지 일을 동시에 했다. 1980년대 최고의 직업은 월스트리트 금융업이었지만, 나는 예일대 졸업생 중 유일하게 제조업에 몸을 담았다.

나는 전사적 품질경영 리더로 화학 회사에 입사했고, 그곳은 제너럴 모터스GM에 부품을 납품하는 기업이었다. 동시에 나는 출마할 만한 연방 의회 선거구를 찾아 나섰다.

그러나 예상치 못한 일이 나를 덮쳤다. 나는 같은 남학생 사교클럽 회원과 사랑에 빠졌다. 아마 이런 전개를 예상하지 못했을 것이다. 나 역시 그랬다. 보수적인 블루칼라 지역인 펜실베이니아에서 기독교 신자로 성장한 내가 이 사실을 받아들이기란 쉽지 않았다. 그 순간 나는 정치적 꿈을 접을 수밖에 없었다. 그때만 해도 심지어 리버라치Liberace●조차 공식적으로는 이성애자였다. 농담처럼 말하지만, 당시에는 나 자신과의 처절한 싸움이었다. 사회적으로 롤모델이 전혀 없는 상황에서 내가 최초가 될 용기는 없었다.

새로운 방향을 찾아야 했다. 나는 이미 공장에서 실질적인 변화를 만들어 내고 있었다. 그렇다면 제조업을 살리겠다는 내 사명을 다른 방식으로 실현할 수도 있지 않을까? 정치를 통해 바꾸지 못한다면 미국 기업을 변화시키는 방식으로 나아가면 어떨까? 정치라는 공적인 무대가 아닌, 나 자신에게 솔직할 수 있는 환경에서 일할 수도 있지 않을까?

나는 하버드 비즈니스 스쿨로 진로를 바꿨다. 내 학비를 지원한 사람들은 바로 내가 연방 하원의원 선거에 출마하길 원했던 후원자들과 멘토들이었다.

이 책에서 반복해서 강조하는 것처럼, 관계는 우리의 가장 중요한 기반이 된다. 진정성 있게 사람들을 돕고 함께 성장하면 그들은 당신이 새로운 도전과 공동 창조co-creation로 나아갈 때 기꺼이 함께할 것이다. 이는 단순한 원칙이 아니라, 내 삶을 통해 직접 경험한 진실이다.

• 리버라치(1919-1987)는 당대 미국 최고의 스타로, 과거 연인에 의해 동성애자라는 것이 밝혀졌다.

공동의 목표를 가지고 있는가

하버드 비즈니스 스쿨을 졸업한 후, 나는 딜로이트Deloitte에 입사했다. 그곳에서 나는 역대 최연소 파트너로 선임되었고, 글로벌 최고마케팅책임자CMO 자리까지 초고속으로 올랐다. 이 경험 덕분에 《혼자 밥먹지 마라》를 집필하게 되었는데, 그 책에서는 효과적인 네트워크 관리를 통해 어떻게 성공을 가속화할 수 있는지를 다루었다.

나는 딜로이트에서 연구를 시작하며 전사적 품질경영을 넘어 일하는 방식을 혁신하는 새로운 방법론을 개발하고자 했다. 이 과정에서 마이클 해머Michael Hammer 같은 멘토들과 협력하며 업무 프로세스를 재설계하고 변화 관리를 실행하는 실무를 구축했다. 이를 통해 일하는 방식의 암호를 풀어내는 것에 대한 통찰력을 더욱 발전시킬 수 있었다. 또한 시카고의 몇몇 기업 경영진과 함께 링컨 재단Lincoln Foundation for Business Excellence을 설립하여 조직이 보다 효과적인 업무 방식을 채택하도록 돕는 상賞을 신설했다. 결국 이러한 아이디어를 직접 실천하기 위해 딜로이트를 떠나 스타우드 호텔Starwood Hotels의 CMO 겸 글로벌 영업책임자로 합류했다.

그러나 스타우드에서 나는 곧 딜로이트와는 전혀 다른 현실을 마주했다. 딜로이트에서는 마치 함께 언덕을 점령하는 팀처럼 일했다. 우리의 목표는 언젠가 액센추어와 맥킨지에 견줄 수 있는 컨설팅 기업이 되는 것이었다. 하지만 당시 딜로이트는 '빅 8' 글로벌 컨설팅 회사 중 브랜드 인지도와 여러 지표에서 가장 낮은 위치에 있었다. 그럼에도 우리는 강한 팀워크와 공동의 목표를 가진 팀이었다.

그러나 스타우드는 상황이 달랐다. 호텔 산업을 재창조하겠다는 비전을 가지고 있었지만 이를 실행할 단결된 팀은 아니었다. 스타우드는 5년 동안 CEO가 무려 네 번이나 바뀌었다. 고객 충성도 프로그램인 SPG 마일리지 제도, W 호텔 브랜드, 헤븐리 베드Heavenly Bed 매트리스 같은 혁신적인 서비스와 제품이 있었지만 여전히 힐튼과 메리어트 같은 주요 경쟁사에 비해 규모 면에서 뒤처져 있었다. 또한 스타우드는 글로벌 영업과 콜센터 운영 등의 호텔당 비용이 경쟁사들보다 훨씬 높았다.

우리는 필요한 모든 역량을 갖춘 팀원들을 보유하고 있었다. 뛰어난 호텔 운영자들과 천재적인 부동산 및 금융 전문가들, 그리고 혁신적인 마케팅 인재들이 있었다. 그러나 이들을 하나로 묶어 낼 심리적 안정감과 상호 의존성을 만들어 내지 못했다. 각자의 전문성은 탁월했지만 '팀십Teamship'이 부족했던 것이다.

2016년, 스타우드는 메리어트에 매각되었다. 훌륭한 경영 성과를 냈기 때문이 아니라 스타우드의 SPG 마일리지 제도가 여전히 가치 있기 때문이었다. 즉, 기업 가치를 극대화한 결과라기보다 마지막 남은 자산을 정리하는 방식의 매각이었다.

이 경험을 통해 나는 팀십이 무엇인지, 얼마나 중요한지를 깊이 깨닫게 되었다. 딜로이트에서는 완벽하게 조화를 이룬 팀 경험을 했고, 스타우드에서는 팀십이 부족할 때 어떤 일이 벌어지는지를 생생하게 체험했다. 이 강렬한 경험 덕에 나는 팀십을 연구하고 가르치는 기관을 직접 설립하기로 결심했다. 이를 통해 조직이 보다 효과적으로 협력하고 더 나은 성과를 창출할 수 있도록 돕는 실질적인 방법론을 탐구하고자 했다.

이 팀은 나를 지지해 주는가

2000년대 초반, 내 사고에 강력한 영향을 미친 2가지가 있었다. 하나는 패트릭 렌시오니Patrick Lencioni의 기념비적인 저서《팀워크의 부활The Five Dysfunctions of a Team》이고, 다른 하나는 갤럽의 직원 몰입도 연구와 그것이 기업 성과와 어떻게 연결되는지를 분석한 연구였다.

갤럽이 개발한 직원 몰입도 진단 도구 'Q12'는 HR 분야에서 혁신적인 발견이었다. 이를 통해 기업 문화가 단순한 정성적 개념이 아니라 비즈니스 개선을 위한 방향성을 제공하는 측정 가능한 지표가 될 수 있다는 것이 입증되었다. 하지만 나는 이 연구가 개별 직원과 조직 차원의 분석에 초점을 맞추고 있을 뿐 팀 단위의 관점이 부족하다는 것을 깨달았다. 나는 점점 더 팀이야말로 업무가 이루어지는 핵심 단위이며, 가장 개선이 필요한 영역이라는 확신을 갖게 되었다.

당시 갤럽의 연구는 직장에 절친한 친구를 둔 직원의 몰입도가 증가한다는 점을 밝혀냈다. 이는 중요한 통찰이었지만, 나는 여기에 또 다른 질문을 던지고 싶었다. "각자의 팀이 자신을 지지하고 있다고 느끼는가?" 이는 전혀 다른 관점이면서도 동일하게 중요한 문제였다.

리더로서 혹은 팀원으로서 나는 우리 팀 구성원들의 감정과 성과를 보여 주는 대시보드가 필요했다. 그리고 팀의 역량을 향상시키기 위한 명확한 실천법이 필요했다. 보통 우리는 개별 직원의 성과나 리더십에 주목하고, 혹은 기업 전체의 조직 문화로 논의를 확장하는 과정에서 팀 단위의 분석과 개입의 중요성을 놓치곤 한다. 나는 팀의 상태를 실시간으로 모니터링하고 내부의 고성과 팀 및 외부의 우수한 팀들과 비교할 수 있는 시스템을 원했다.

당시 갤럽에서 직원 몰입 연구를 주도했던 한 리더를 찾아간 것도 그 때문이었다. 그에게 최대한 정밀한 팀 성과 진단 도구를 만들자고 제안했고, 실제로 만들어 냈다. 이것이 바로 대부분의 리더와 팀이 간과하는 핵심 요소다. 이 진단 도구에 대한 이야기는 2장에서 자세히 다룰 것이고, 책을 읽어 나가며 직접 경험하게 될 것이다.

그리고 이 연구는 그린라이트 리서치 연구소Greenlight Research Institute• 설립의 계기가 되었다. 이 연구소는 실질적인 개입 방안을 설계하는 데 주력하고 있으며, 우리는 그것을 고성과 팀십 실천법이라고 부른다. 옥스퍼드, 와튼, MIT, 하버드 비즈니스 스쿨 등에서 수행한 주요 연구 결과를 바탕으로 지난 20년간 세계 최정상 팀을 코칭하며 쌓아 온 실제 경험을 결합해 이론과 실무를 연결하고 있다.

《혼자 밥먹지 마라》가 큰 반향을 일으킨 이유는 단순했다. 책 속에 담긴 실천법들이 너무나도 쉽고, 누구든 시도해 볼 수 있으며, 결과적으로 엄청난 변화를 가져왔기 때문이다.

이 책 역시 같은 접근 방식을 따른다. 이 책에는 30개 이상의

• 팀 성과와 조직 변화를 연구하는 연구소. 팀 코칭 및 컨설팅 회사 페라지 그린라이트Ferrazzi Greenlight 와 연계되어 운영하고 있다.

팀십 실천법이 있으며, 이를 직접 시도해 볼 수 있을 것이다.

리더십을 넘어 팀십으로

수십 년 동안 리더의 역할이 강조되어 왔다. 하지만 세계적으로 뛰어난 팀이 승리하는 이유가 리더십뿐만은 아니다. 그들은 팀십 덕분에 성공한다. 좋은 리더는 팀원들에게 피드백을 제공한다. 훌륭한 리더는 팀원들이 서로 피드백을 주고받도록 만든다. 좋은 리더는 팀원들에게 책임감을 부여한다. 훌륭한 리더는 팀원들이 서로에게 책임을 지도록 만든다. 좋은 리더는 팀의 에너지를 유지한다. 훌륭한 리더는 팀원들이 서로의 에너지를 책임지도록 만든다.

하지만 리더보다 더 중요한 것은 바로 팀 자체의 책임감이다. 앞서 언급한 문장에서 리더를 팀으로 바꾸어 다시 읽어 보자. 훌륭한 팀은 서로에게 피드백을 준다. 훌륭한 팀은 서로에게 책임을 지운다. 훌륭한 팀은 서로의 에너지를 책임진다.

우리는 이 책을 통해 이러한 분석을 뒷받침하는 데이터를 탐구할 것이다. 나는 지난 20년간 전 세계의 팀을 코칭하며 수행한 3,000건 이상의 진단 평가를 통해 팀십의 핵심 원리를 연구해 왔다.

불확실성의 시대를 돌파하는 힘

우리는 리더에게 모든 것을 기대하면서 정작 팀원들과 그들이 서로에게 져야 할 책임에 대해서는 너무 적은 관심을 기울인다. 우리는 팀 내 인재들이 서로 의존하고 협력하는 과정에서 창출될 수 있는 엄청난 가치를 간과해 왔다. 여기서 말하는 팀이란 단순히 조직도의 한 줄을 의미하는 것이 아니다. 업무를 수행하기 위해 함께 움직이는 그룹을 말한다. 오늘날의 일은 네트워크화된 팀에서 이루어진다.

팀을 업그레이드하고 훌륭한 팀원이 된다는 것의 의미를 재정의하는 일은 현재 비즈니스 성과를 가속화하는 데 있어 가장 간과되는 영역이기도 하다. 우리의 연구에 따르면 기업의 주주 가치를 심각하게 훼손하는 요인 중 하나가 '갈등 회피'라는 해로운 습관에서 비롯된다. 팀십과 우리가 제안하는 실천법은 이러한 문제를 해결하는 데 초점을 맞추고 있다.

우리는 훌륭한 리더의 이미지에 대해 깊은 존경과 찬사를 보내왔지만, 실제로 대기업과 시장의 거물들이 신생 스타트업에 의해 무너지는 이유는 그들이 매일 팀십을 자연스럽게 실행하고 있기 때문이다. 스타트업 직원들은 목표를 향해 전념하고, 서로에 대해 책임을 진다. 우리가 연구한 세계에서 가장 혁신적인 상위 15%의 팀들이 바로 이런 특성을 갖고 있다. 이들에 대해 다음 장에서 더 깊이 탐구할 것이다. 우리는 이제 팀을 변화시키는 방법에 대해 더 많은 논의를 해야 한다. 과거의 방식에서 벗어나 세계적 수준의 팀십 행동과 프로세스, 실천법, 도구를 적용하는 방법을 고민해야 한다.

팀십은 오늘날의 불안정한 업무 환경에 최적화되어 있다. 지금 우리가 살아가는 세상은 변동성이 크고, 조직은 극도로 높은 성과 압박을 받고 있다. 이러한 환경에서는 팀원들이 함께 목적을 공유하고 공동의 목표를 이루기 위해 협력해야 한다. 성장에 방해가 되는 경직된 절차에 매달릴 시간이 없다.

이전 저서 《새로운 일의 세계에서 경쟁하기Competing in the New World of Work》에서 나는 불확실성 속에서 가속화되는 변화를 다루기 위해 2,000명 이상의 리더들과의 인터뷰와 관찰을 바탕으로 '과감한 적응력Radical adaptability'이라는 방법론을 제시했다. 과감한 적응력은 예측력, 포용성, 기민함, 회복탄력성을 기반으로 한 조직 문화를 의미한다. 그리고 이러한 문화를 실현하기 위해서는 팀원들의 행동과 실천법이 뒷받침되어야 한다.

이 책에서 다룰 '팀십을 위한 10가지 전환'은 오늘날의 업무 환경, 특히 하이브리드 근무와 네트워크화된 팀의 현실을 반영하고 있다. 단순히 업무 방식의 변화가 아니라, 급변하는 환경 속

1장 팀십, 성과를 극대화하는 비밀 코드

에서 유연하게 적응하는 새로운 행동 수칙과 문화의 필요성을 보여 준다. 이제 다양성, 공정성, 포용성 같은 개념이 기업 경영에서 필수 요소가 되었고, AI의 등장으로 팀 협업 방식 자체가 변하고 있다. 오늘날 비즈니스 성과를 혁신하기 위해 우리는 새로운 업무 문화를 구축해야 한다.

팀십 프레임워크 적용하기

팀십으로의 전환에는 2가지 핵심 요소가 있다.

1. **동반 성장 행동**

   동반 성장Co-elevation이란 팀원들이 함께 이루고자 합의한 목표를 달성하는 동시에 서로를 성장시키는 것을 의미한다. 동반 성장은 단순히 미션을 달성하는 것에 그치지 않고 그 과정에서 팀원들이 서로를 끌어올리는 행동 수칙과도 같다. 팀원들은 진실을 숨기지 않으며, 갈등을 피하지 않고, 자신이 느끼는 바를 공유한다.

   우리는 코칭 과정에서 직원 회의에 직접 참여하여 팀이 특정 부서나 역할에 관계없이 같은 목표를 공유해야 한다는 점을 깨닫도록 돕는다. 이 변화가 이루어지면 리더는 업무 시간의 30%를 다른 중요한 일에 쓸 수 있다. 또한 동반 성장에 헌신하는 팀원들과 함께하는 것은 혁신과 대담한 도전, 비범한 성과를 가속화하는 힘이 된다. 동반 성장 행동을 일깨우는 방법에 대해서는 2장에서 더 깊이 다룰 것이다.

2. **최신 협업 프로세스와 AI 도입**

   더 이상 기존의 비효율적인 회의 방식에 의존하지 않고 협업하는 방법을 찾는 것이다. 이를 위해 다음과 같은 변화가 필요하다.

   a. 사전 소통을 통한 비동기 업무 방식과 협업 소프트웨어를 활용하여 회의 전 협업의 상당 부분을 미리 진행할 수 있도록 한다.

   b. 더 많은 사람들이 아이디어를 생성하고 논의에 참여할 수 있도록 디지털 협업 도구를 적극적으로 활용하여 보다 포괄적이고 대담한 사고를 유도한다.

   c. 애자일 방식을 엔지니어링이나 프로젝트 관리뿐만 아니라 조직 전체의 운영체제로 채택한다.

   d. AI를 팀의 일부로 받아들이는 방식을 고민한다. 협업 프로세스, 소프트웨어, AI, 그리고 기업 전체에 애자일을 적용하는 방법에 대해서는 6장과 7장에서 더 자세히 다

룰 것이다.

팀십으로의 전환은 다음과 같은 10가지 행동 및 프로세스 변화와 실천법을 통해 이루어진다. 이는 기존의 명령과 통제 중심의 리더십에서 벗어나 팀원들이 서로를 공동으로 이끄는 형태로 변화하는 과정이다. 하지만 이러한 리더십 방식은 전통적인 리더 주도형 모델과는 다르기 때문에 현장에서 잘 수용되지 않는다. 각 변화에 대해 좀 더 자세히 살펴보자.

1. 팀을 끌어올리는 동반 성장 문화

첫 번째 변화는 팀원들이 새로운 방식과 더 높은 성과 수준을 기대할 수 있도록 인식하게 하는 것이다. 우리는 팀이 현재 어떤 상태에 있는지 객관적으로 점검할 수 있는 진단 과정을 통해 팀원들이 팀의 새로운 행동 수칙을 받아들이고 실천하면 어떤 변화를 경험할 수 있는지 단서를 제공한다. 이 과정에서 팀원들은 자신이 완전히 다른 방식으로 일할 수 있음을 깨닫게 된다. 팀이 또 다른 가능성을 깨닫게 되는 순간인 것이다. 새로운 실천법을 반복적으로 적용하면서 깨달음은 더욱 강화된다. 이 진단 과정은 이 책 전반에 걸쳐 소개될 것이다.

2. 완전한 솔직함을 뿌리내리기

세계적인 수준의 팀에서는 뒷담화나 비공식 소통이 없다. 동료들끼리 직접 이야기하지 않고 비밀리에 주고받는 메시지도 존재하지 않는다. 팀원들은 서로의 성공에 진정으로 관심을 가지며, 더 나은 결과를 달성하는 데 도움이 될 수 있는 정보는 절대 숨기지 않는다는 합의를 이룬다.

3. 서로를 책임지는 팀으로의 전환

복도에서 우연히 마주치며 이루어지는 관계 형성 방식에서 벗어나 신뢰와 깊은 이해를 바탕으로 한 적극적인 유대 관계 형성 방식으로 전환해야 한다. 특히 하이브리드 환경에서 일하는 팀들은 이러한 의도적인 결속을 통해 훨씬 더 강한 조직 문화를 형성할 수 있다.

4. 흔들리지 않는 팀을 만드는 회복탄력성

팀은 서로의 에너지를 유지하고 끌어올릴 책임이 있다. 스스로의 에너지와 감정을 관리하는 것이 개인의 책임이 아니라 팀 전체의 책임이라는 인식이 필요하다. 서로를 지지하는 관계, 우리가 벽에 부딪혔을 때 기댈 수 있는 대상이 팀 안에 있어야 한다. 우리의 에너지를 인식하고 책임지는 일은 더 이상 개인의 몫만도, 리더나 HR의 역할만도 아니다. 팀원 모두가 함께 책임져야 할 일이다.

5. **경계 없는 협업을 위한 폭넓은 연결**

   회의가 협업의 전부가 되어서는 안 된다. 우리는 협업을 더 대담하고 포괄적인 방식으로 전환해야 하며, 다양한 이해관계자의 의견을 포함해 더 창의적인 아이디어를 도출할 수 있는 구조를 만들어야 한다. 최상위 팀들은 협업을 단순한 회의 이상의 전략적 조합을 통한 업무 방식으로 생각한다. 이는 비동기적 협업부터 대면 협업까지 각 모드를 목적에 맞게 전략적으로 설계하는 방식이다. 심지어 완전한 원격 근무 팀조차도 정기적인 대면 만남의 중요성을 인식하고 있다. 오늘날의 협업에는 새로운 팀십 프로세스와 도구의 도입이 필수적이며, 정기적으로 소프트웨어를 활용하여 인간과 AI 팀원의 관점을 통합하는 것이 중요하다.

6. **더 유연한 애자일 운영 방식**

   애자일 시스템으로의 전환은 불확실성이 높은 시대를 헤쳐 나갈 수 있는 가장 강력한 운영 방식이다. 애자일은 단순한 방법론이 아니라 빠르게 변화하는 환경 속에서 위험을 미리 감지하고 대담한 목표를 지속적으로 조정하며 달성하는 데 필요한 사고방식이기도 하다.

7. **성과를 높이는 칭찬과 인정의 힘**

   팀십은 팀 구성원이 솔직하게 피드백하고 서로 책임을 문는 과정도 요구한다. 그러나 그 속에서 동료의 기여를 인정하고 축하하는 것 또한 잊어서는 안 된다. 인정과 축하의 문화는 충분히 확산될 수 있으며, 다만 그것이 오직 상사에게서 내려오는 방식이 아니라 동료들 사이에서 자연스럽게 이루어지도록 설계되어야 한다. 팀 동료들의 인정과 축하는 직면한 방해물을 극복하는 원동력이 되며, 지속적으로 동기를 부여하는 중요한 요소가 된다.

8. 포용을 넘어 소속감으로 완성되는 팀

만약 당신이 6개월 동안 한 팀을 코칭하여 다양성Diversity, 형평성Equity, 포용Inclusion, 즉 DEI를 완벽하게 구현하도록 성장시키려면 어떻게 해야 할까? 나는 2023년 세계경제포럼에서 리더들에게 이 질문을 던졌다. 혁신적인 팀들은 다양한 관점을 존중하며 다름을 이해하고 이를 통해 강력한 성과를 창출한다. 민감한 주제인 '다름'과 '특권'의 간격을 유대감 형성과 생산적인 대화의 출발점으로 전환할 수 있다면 어떨까. 이는 팀이 지닌 잠재력을 온전히 끌어내고, 돌파구가 되는 혁신을 이루는 데 결정적인 영향을 미친다.

9. 서로를 코칭하며 함께 성장하는 팀

세계적인 팀에서는 모든 팀원이 끊임없이 성장하고자 한다. 리더가 모든 코칭을 담당하는 방식에서 벗어나 팀원들이 서로의 성장과 성과에 대해 책임을 지고 함께 발전하는 방향으로 나아가는 것이다.

10. 공동의 목표, 하나의 지향점을 찾아서

이 10가지 팀십 전환을 적용한 팀들은 불확실한 환경 속에서도 일관된 방향성과 협업을 이루는 능력을 갖추게 된다. 그러나 이것은 단순히 사고방식의 변화만으로 이루어지지 않는다. 기존의 행동 방식에서 벗어나 팀십이 제안하는 동반 성장 행동으로 전환해야 한다. 여기에 팀십의 프로세스와 도구가 더해질 때 이 실천은 일회성에 그치지 않고 팀의 새로운 행동 수칙으로 자리 잡는다. 내가 좋아하는 말이 하나 있다. "우리는 새로운 생각을 통해 새로운 행동을 배우는 것이 아니라, 새로운 방식으로 행동함으로써 새로운 생각을 배운다."

팀십으로의 변화 과정에서 조직 내 심리적 안정감이 높아지고, 혁신이 가속화되며, 결국 돌파구를 만들어 내는 성과가 뒤따르게 된다. 이러한 변화를 습관으로 정착시키는 것이 바로 팀십 실천법이다.

고성과 팀으로 전환하는 실천법

우리는 수천 개의 팀을 연구하고 지속적으로 모니터링하면서 어떤 것을 최고의 실천법이라고 할 수 있을지 확인했다. 그러한 실천법을 발견하면 그것을 보완하고 2차 연구를 통해 검증한 후 연구 대상 팀에 다시 적용했다. 그 결과로 명확하게 개선 효과가 보인다면 '고성과 팀십 실천법'이 되고, 우리가 코칭하는 다른 팀들에게도 적용한다.

팀십 실천법은 팀이 새로운 행동을 습득하고 궁극적으로 새로운 사고방식을 가지도록 하는 가장 쉬운 방법이다. 일반적인 팀십 실천법은 단순하고 구체적인 과제로 구성되어 있으며, 실행하기 쉬운 것이 특징이다. 이를 반복적으로 적용하면 팀의 실효성이 급격히 향상된다.

이 책의 각 장에서 행동 변화를 유도하고, 팀의 작동 방식을 개선하며, 조직 전체의 건강성을 높이는 여러 가지 실천법을 소개할 것이다. 이러한 실천법은 우리가 수년간 팀을 코칭하며 조직 문화를 변화시킨 핵심 요소였다. 그리고 이를 통해 우리는 단순히 개별 코치의 역량에 의존하지 않고 팀십 실천법을 실제로 구현할 수 있는 코치들을 더 많이 양성할 수 있었다.

우리는 6개월 동안 반복적인 실천법 적용을 통해 팀들이 고성과 팀십 실천법을 실제로 체득하도록 돕는다. 이 과정에서 리더뿐만 아니라 팀원들도 스스로 팀십의 코치 역할을 수행할 수 있도록 성장하게 된다.

나는 우리의 코칭이 확장 가능하다는 사실을 깨달았고, 비즈니스와 사회에 더 큰 영향을 미치고 싶다는 열망이 있었다. 이 책을 출간하기로 결심한 이유다.

이제 여러분은 우리 코치들과 고객들이 활용했던 실천법을 확인하고 직접 적용할 수 있는 기회를 얻게 되었다. 그렇기에 여러분과 여러분의 팀원들은 동반 성장 행동, 프로세스, 도구를 활용하여 팀십으로 나아갈 수 있다.

가장 좋은 첫걸음은 팀 내에서 변화를 주도하고 대표할 팀십 실천 리더, 즉 팀십 추진자를 선정하는 것이다. 팀십 추진자는 변화에 개방적인 사람이 맡아야 하며, 팀이 모든 변화와 실천법을 적극적으로 적용할 수 있도록 독려하는 역할을 한다. 시간이 지나면 우리 모두가 팀십 추진자가 될 것이다. 그러나 처음에는 익숙한 기존 습관으로 쉽게 되돌아가려는 경향이 있기 때문에 리더와 함께 팀 내 한 명의 팀십 추진자가 새로운 행동 방식의 정착을 돕는 것이 중요하다.

최고의 팀을 만드는
팀십으로의 여정

지난 20년 동안 나는 수많은 팀이 6개월 동안 10가지 전환을 경험하며 완전히 달라지는 과정을 코칭해 왔다. 이상적인 방식은 이 책을 팀과 함께 활용하며 새로운 행동과 고성과 팀십 실천법을 함께 익히고 반복적으로 적용하는 것이다. 책 전반에 걸쳐 제공되는 진단 질문들을 활용하면 팀의 행동과 실천법이 현재 어떤 수준에 있는지, 그리고 세계적인 수준의 팀이 되기 위해 어떤 가능성이 열려 있는지를 파악할 수 있다. 단순히 읽는 것에서 끝내지 말고, 각 장에서 다루는 변화와 관련된 팀십 실천법을 현장에 적용하여 워크북처럼 활용하라. 고성과 팀십 실천법을 도입하고 나면 팀이 얼마나 더 나아가야 하는지에 대한 인식이 빠르게 자리 잡을 것이다. 실천법을 신뢰하라. 그것을 적용하고 활용하여 여러분의 팀을 최고의 팀으로 변화시키자.

팀을 끌어올리는
동반 성장 문화

핵심 행동 수칙:

우리는 팀의 모든 목표에 동등하게 헌신하며,
서로가 그 목표에 도달할 수 있도록 돕는다.

세르게이 영Sergey Young은 리더들이 대부분 불가능하다고 생각하는 일을 해내고 있었다. 열 배 성장을 목표로 하는 대담한 프로젝트를 추진하는 동시에 자신의 시간 중 30%를 새롭게 확보하려는 것이었다. 그가 운영하는 벤처캐피털 기업의 운용 자산 규모를 열 배로 늘려 100억 달러 규모로 키우고, 한편으로는 자신의 진정한 소명인 새로운 펀드의 출범과 인간 수명 연장 연구에 더 많은 시간을 투자하고 싶어 했다.

영은 맥킨지 출신이다. 영리하고 매력적이며, 목표를 향한 집념이 강하다. 또한 높은 기준을 요구하며 멈추지 않는 추진력을 가진 인물이다. 하지만 그가 원하는 것을 이루기 위해서는 반드시 해결해야 할 과제가 하나 있었다. 바로 그의 팀이 기존의 벤처캐피털 사업을 성장시키는 핵심 엔진이 되어야 한다는 점이었다. 그러나 영의 기존 방식—그의 뛰어난 지능, 강한 업무 욕구, 완벽주의—은 오히려 그의 목표와 팀의 성장을 제한하고 있었다. 그는 리더십의 부담을 팀과 나누어야 했다.

영이 깨달음을 얻은 순간은 로마 바티칸 시국의 아름다운 정원에서였다. 그는 르네상스 시대의 분수 옆에 앉아 있었다. 우리는 모두 교황과 그의 자문단이 주최한 회의에 초대받아 인간 수명의 획기적인 연장이 사회에 미치는 영향을 논의하고 있었다.

영은 인간 수명을 건강하게 연장하는 혁신적인 기술과 생명공학에 투자하기 위해 '장수 비전 펀드'를 출범시키는 일에 더 많은 시간을 쏟고 싶어 했다. 그는 엑스프라이즈 헬스스팬XPRIZE Health-span 경연대회의 공동 창립자로, 이 대회는 단 1년간의 치료만으로 인간의 생물학적 나이를 65세 이상에서 최소 20년 이상 젊게 되돌릴 수 있는 항노화 기술을 개발하는 팀에게 1억 100만 달러의 상금을 수여하는 프로젝트다. 이 미션의 궁극적인 목표는 장수의 민주화다. 즉, 장수의 혜택을 억만장자 엘리트 계층만이 아닌 모든 사람이 누릴 수 있도록 하는 것이다.

영은 100세를 훌쩍 넘겨도 25세처럼 건강한 몸을 유지하며 살기를 원했다. 그리고 누구도 그의 가능성을 의심하지 않았다. 그날 바티칸의 고요한 정원에서 나는 그에게 물었다.

"세르게이, 당신의 궁극적인 목표는 무엇인가요? 그 목표를 팀원들도 함께 공유하고 있고, 실제로 달성할 준비가 되었나요?"

그는 투자자들을 위한 성장 목표와 인간 수명 연장 프로젝트에 더 많은 시간을 할애하고 싶다는 자신의 계획에 대해 이야기했다. 그는 이를 순차적으로 이루어야 한다고 생각했지만, 나는 이렇게 반문했다.

"만약 그 두 목표를 동시에 달성할 수 있다면요?"

리더 중심의 리더십 스타일을 바꿀 수 있다면 그는 두 목표를 한 번에 달성할 수 있었다. 영은 늘 과도한 일정을 효율적으로 소화하기 위해 각 업무에 최소한의 시간을 할애하고, 자신이 직접 지시하는 방식으로 조직을 운영해 왔다. 하지만 문제는 그가 뛰어난 인재들에게 진정한 권한을 부여하지 않았다는 점이었다. 야심 찬 목표를 현실로 이루려면 혼자 이끄는 방식에서 벗어나 팀이 함께 주도할 수 있는 팀십 구조를 활성화해야 했다.

1장에서 설명했듯이 팀십은 세계적인 팀들이 성공하는 방식이며, 이는 간단한 공식으로 설명된다. 팀원들 간의 동반 성장 행동과 새로운 협업 프로세스, 실천법, 그리고 도구를 결합하는 것.

몇 주 후, 나는 영과 그의 주요 팀원들을 라스베이거스의 한

호텔 최상층에서 다시 만났다. 이번에는 팀 코칭 세션을 위해서였다. 그때를 회상하며 영은 이렇게 말했다.

"예전에는 항상 이런 식이었죠. 내가 지시를 내리면 팀원들이 그대로 수행하는 방식 말입니다. 처음에는 이 방식이 조직을 운영하는 가장 효율적인 방법이라고 생각했어요. 하지만 결국 깨달은 것은 조직이 나를 중심으로 돌아간다는 사실이었습니다. 그리고 내가 한계를 맞았을 때 조직도 성장할 수 없는 상황이 되었습니다. 우리 팀이 기존의 운영 방식을 바꾸지 않는다면 낮은 수준에 머물 수밖에 없다는 것을 분명히 깨달았어요."

그는 이 상황을 한 문장으로 깔끔하게 정리했다. "나는 별stars들을 고용했지만, 이제 별자리constellation를 만들어야 합니다." 중요한 질문은 '그 변화를 어떻게 실현할 것인가'였다.

동반 성장에 전념하는가

첫 번째 변화는 동반 성장 행동을 깨닫고 전념하는 것이다. 대부분 자신이 일해 온 방식이 평범하고 비효율적이었다는 사실을 깨닫게 되는 순간이다.

너무 많은 팀원들이 단순히 공존하는 방식으로 일한다. 그들은 자신의 역할을 수행하는 것에만 집중하며, 다른 사람에게 불필요한 부담을 주지 않으려 한다. 최대한 자신의 업무 영역에서 독립적으로 일하고, 정말 불가피한 경우에만 협업을 받아들인다. 그 또한 협업이 더 나은 결과를 만든다고 믿기 때문이 아니라, 혼자서는 해결할 수 없는 상황에 직면했기 때문이다.

협업이 실패하고 갈등이 발생하며 팀원 간의 관계가 약해지는 최악의 경우 같은 팀에 속해 있음에도 서로에 대한 반감이 생긴다. 그리고 대부분의 경우 우리는 놀라운 협업의 기회를 놓치고 만다. 서로를 성장시키고 함께 더 많은 것을 이룰 수 있는 가능성을 잃어버리는 것이다.

AI 전환과 같은 급진적 기술 혁신이 산업과 일의 방식을 근본적으로 바꾸고 있다. 이렇듯 불확실성이 극대화된 시대에서 개개인의 역량과 노력에 의존하는 낡은 방식으로는 더 이상 성공을 담보할 수 없다. 더군다나 획기적인 성공을 이루기 위해서는 더욱 그렇다. 그러나 대부분의 팀이 이러한 방식으로 일하고 있으며, 리더들은 이를 용인하거나 심지어 장려하기도 한다.

대안은 동반 성장이다. 이는 팀십을 가능하게 하는 핵심적인 행동 원칙이다. 동반 성장은 팀원들이 공동의 목표와 서로에게 전념하는 행동 약속이며, 함께 승리하고 서로를 성장시키겠다는 흔들리지 않는 믿음이다. 동반 성장 행동과 실천법을 팀십 프로세스 및 도구와 결합하면 우리는 지금까지 꿈꿔 왔던 목표를 실현할 수 있다. 그 시작점은 기존 협업 방식과 팀원 간의 관계에 대한 인식을 완전히 바꾸는 것이다.

이러한 변화를 받아들인 팀은 예상치 못한 성장을 이루고 감춰져 있던 리스크를 줄일 수 있다. 그들은 단결된 힘으로 대담한 목표를 달성하며, 협업을 통해 엄청난 가치를 창출한다. 비록 한 팀이 여러 개의 독립적인 부서로 구성되어 있더라도, 팀원들은 동료가 가지고 있는 지혜와 통찰력이 얼마나 강력한지 깨닫게 될 것이다.

나는 이러한 행동 변화를 포춘 500대 기업, 중견기업, 급성장하는 스타트업, 비정부기구NGO, 그리고 여러 국가의 정부에서 직접 목격했다. 이는 지역 식당에서도 적용할 수 있다. 내가 가장 좋아하는 로컬 레스토랑인 위호 비스토로WeHo Bistro는 동반 성장에 전념한 결과 레스토랑 주인이 자신의 시간을 50% 이상 확보할 수 있었다. 음식의 품질과 서비스 수준, 그리고 고객 충성도는 이전과 비교할 수 없을 정도로 향상되었다.

나는 미국 정부 및 각료들이 더 효과적으로 협력하는 데 동반 성장이 적용될 수 있는 방법에 대해 글을 썼고, 이후 부탄 정부에도 이를 코칭했다. 또한 동반 성장 행동을 실천하는 팀들이 혁신과 변화, 그리고 서로의 실패를 허용하지 않는 끈질긴 협력을 통해 수십억 달러의 주주 가치를 창출하는 모습을 보아 왔다. 그들은 리더십의 책임을 나누어 짊어지며 궁극적으로 비범한 성과를 창출하는 팀으로 변화했다. 이것이 바로 세르게이 영과 그의 팀이 필요로 했던 변화였다.

내 오랜 친구이자 미래학자이며 싱귤래리티 대학의 공동 창립자인 피터 디아만디스Peter Diamandis는 엑스프라이즈 재단에서 동반 성장 행동을 팀에 적용한 이후의 변화를 이렇게 설명했다.

"하루를 마칠 때 내가 모든 것을 책임지고 모든 사람이 제 역할을 다하고 있는지 확인해야 한다는 부담을 느낄 때면 정말 지칠 수밖에 없습니다. 하지만 동반 성장에 대한 헌신 이후 저는 제 팀이 정말 자랑스럽습니다. 이제는 예측할 수 없는 상황조차도 기대가 됩니다. 왜냐하면 저는 더 이상 모든 것을 관리하지 않아도 되기 때문입니다. 놀라운 일들이 예상치 못한 순간에 벌어질 수 있습니다."

동반 성장을 실천하는 팀은 솔직한 피드백과 상호 책임을 기반으로 긴밀하고 창의적인 협력 관계가 형성된다. 이러한 팀들은 조직도 안에서의 전통적인 업무 방식만으로는 결코 달성할 수 없는 뛰어난 성과를 만들어 낸다. 팀십과 동반 성장 행동에 전념할 때 우리는 더 긍정적인 에너지를 가지고 일하며, 더 대담하고 혁신적인 아이디어를 창출하고, 개인의 능력이 확장되며,

더 빠르게 실행할 수 있다.

우리의 연구에 따르면 동반 성장을 실천하는 팀은 일반적인 팀보다 솔직한 소통이 79% 증가했고 협업이 46%, 책임감 또한 44%가 증가되었다. 하지만 안타깝게도 이러한 팀십 수준을 달성한 팀은 현재 전 세계적으로 단 15%에 불과하다.

팀원이 함께하는 행동 약속의 재정립

일반적으로 '조직 문화'를 이야기하는 것에 더해 나는 실제로 팀이 공유하고 있는 '행동 약속'에 주목한다. 이러한 약속은 대개 명확히 문서화되어 있지 않고 말로 표현되지도 않지만 우리의 모든 상호 작용 방식에 영향을 미친다. 협업의 방식과 서로를 대하는 태도, 말할 수 있는 것과 그렇지 않은 것, 업무 참여 방식, 우리가 사용하는 프로세스와 도구까지 모든 것을 결정한다. 심지어 우리가 어떤 질문을 다루고 어떤 질문은 외면하는지도 이 약속에 따라 결정된다. 올바른 행동 약속은 팀의 성공을 뒷받침하는 핵심 토대다. 이를 조직 문화라고 부를 수도 있지만, 팀의 일상적 운영과는 다소 거리가 있고 추상적으로 느껴지는 표현이다.

나는 이것을 팀원들이 함께 합의한 행동 약속이라고 생각한다. 이 약속은 팀 차원에서 전략적이고 의도적으로 설계할 수 있다. 또한 모두가 동의한 원칙이 실제 행동으로 이어지고 지속되도록 서로에게 책임을 묻는 기준이 된다. 팀의 성공은 한두 사람의 변화로 이루어지지 않는다. 리더 혼자 변한다고 해서 해결되는 문제도 아니다. 오늘날 우리가 처한 환경에서는 더 이상 도움이 되지 않는 과거의 행동 방식이 존재한다는 사실을 팀원 모두가 인정해야 한다. 그리고 검증된 새로운 실천 방식을 받아들이고, 이를 통해 과거의 관행을 내려놓아야 한다.

팀십으로의 전환은 기존의 약속을 다시 논의하고 새로운 10가지 전환에 대해 각각 합의하는 데서 시작된다. 이 책에서는 각 장마다 새로운 행동 수칙을 제안하고 각각의 변화에 대해 어떻게 논의를 시작하고 실행에 옮길 것인지, 높은 성과를 만들어 내는 실천 방식으로는 어떤 것들이 있는지 구체적으로 살펴볼 것이다.

첫 번째 전환, 즉 동반 성장 행동에 대한 자각은 인식의 전환에 가깝다. 새로운 행동 방식과 더 높은 수준의 성과가 가능하다는 사실을 깨닫는 일이다. 동시에 팀의 성장을 위한 각자의 책무를 이해하는 과정이기도 하다. 이를 위해 우리는 '행동 약속의 재정립'이라는 팀십 실천법을 활용한다. 이 방식은 앞으로 각 장에서 10가지 전환을 다룰 때마다 반복해서 살펴볼 것이다. 간단

2장 팀을 끌어올리는 동반 성장 문화

히 말하자면 동반 성장을 위해 현재 팀의 행동 약속을 점검하고 새로운 약속을 논의한 뒤 높은 성과를 만들어 내는 팀십 실천법을 실제로 적용해 보기로 합의하는 과정이다.

이 과정에서 극복해야 할 과제도 많다. 일부 팀은 서로에 대한 불만이 쌓여 있어 동료의 의견이나 아이디어를 받아들이는 것 자체에 거부감을 느낀다. 어떤 팀원들은 뒷담화를 문제라고 생각하지 않고 당연한 것처럼 받아들인다. 앞서 언급했듯이 일부 팀원들은 단순히 '공존'하는 수준에서 일하며, 자신의 업무만 충실히 수행하려 하고, 협업이 불가피한 경우에만 마지못해 함께 일한다. 그 결과 동료들의 다양한 의견을 받아들이는 것이 팀에 도움이 될 수 있다는 사실을 인식하지 못한다. 이러한 태도는 10가지 변화 과정 전반에서 자주 발견되는 문제이며, 많은 팀들이 비슷한 상태에 머물러 있다. 안타깝게도 기존의 암묵적인 룰과 업무 방식이 팀의 성장 기회를 가로막고 있다.

반면 동반 성장을 위한 팀의 행동 약속은 단순한 협업을 넘어 팀 전체가 더 높은 성과와 상호 지원에 전념하는 환경을 만드는 것이다. 그러나 기존의 익숙한 방식에 길들여진 우리가 팀원들을 지원하고 함께 성장한다는 것이 어떤 모습일지 알 수 있을까? 모든 행동 전환이 함께 작동하면 팀은 어떻게 달라질까? 그리고 우리는 어떻게 하면 기존의 협업 방식에서 벗어나 새로운 신념과 실천법으로 전환해야 한다는 점을 인식할 수 있을까?

이를 위해 우리는 20개의 질문과 0점에서 5점까지의 평가 체계로 구성된 진단 도구를 활용해 팀의 행동 약속을 재정립한다. 이를 통해 팀은 조직 문화에 대한 기존의 막연한 논의에서 벗어나 구체적이고 실질적인 실천법을 도입하고 그 효과를 측정할 수 있다. 이 진단 질문들은 팀십으로 전환하는 10가지 변화 전반을 다룬다. 각 장에서는 특정 변화에 맞춘 진단 질문을 제공하고 이를 팀과 함께 논의하는 방법을 설명할 것이다. 전체 진단 질문 목록은 부록에서 확인할 수 있다.

흥미로운 점은 사전 논의 없이 바로 진단 도구를 활용하면 결과가 상당히 다르게 나온다는 것이다. 팀의 기존 행동을 너무 당연하게 받아들이는 경향 때문이다. 예를 들어 "우리 팀원들은 위험을 감수해야 하는 상황에서도 서로 솔직한 의견을 주고받는가?"라는 질문을 사전 논의 없이 접하면 대부분 꽤 높은 점수를 준다. 하지만 실제로 팀 내에서 솔직한 의견 교환이 어떻게 이루어져야 하는지 설명한 후 다시 질문하면 점수는 훨씬 낮아진다.

이처럼 질문을 팀의 실질적인 업무 환경과 연관 지어 구체적으로 생각해 보도록 하는 것이 중요하다. 예를 들어 "감정적으로 민감한 주제에 대해 의견이 다를 때, 우리는 그냥 넘어가는가?" "회의가 끝난 후 복도에서 비공식적으로 중요한 대화가 이루어지는가?" "회의 중에 서로 DM을 주고받으며 따로 논의하는 경우가 있는가?" 이런 질문들은 팀원이 더 솔직하고 정확하게 답변할 수 있도록 도와준다.

대부분의 팀은 문제를 겪고 있어도 그게 문제인지조차 자각하지 못한다. 그래서 팀의 행동 약속에 전문적 기준과 책임 의식이 부족하다는 사실도 인식하지 못하는 경우가 많다. 현재의 방식에 익숙해져 있다 보니 더 나은 팀 문화가 가능하다는 생각을 하지 못하는 것이다. 그와 비슷하게, 우리가 몇 개월 동안 팀을 코칭하면서 동반 성장 수준을 높이면 때때로 두 번째 진단에서 점수가 오히려 낮아지기도 한다. 서로에게 진정한 피드백을 주는 것이 무엇을 의미하는지, 동료들에게 책임을 묻는 것이 실제로 어떤 모습인지 그제야 이해하기 시작했기 때문이다. 하지만 세 번째 진단에서는 점수가 크게 향상된다. 새로운 인식과 함께 고성과 실천법을 실제로 적용하는 과정이 팀의 성장을 촉진하기 때문이다.

팀이 현재 따르고 있는 행동 약속을 투명하게 공개하고, 진단 결과를 바탕으로 솔직한 대화를 나누는 것이 가장 좋은 출발점이다. 이 진단 과정과 논의는 팀이 새로운 동반 성장의 행동 약속에 전념하는 첫걸음이다.

핵심 행동 수칙을 세우고 점검하라

'핵심 행동 수칙'은 10가지 전환을 위해 팀이 함께 정한 간단하고 기억하기 쉬운 행동 기준이다. 또한 팀원들이 각 변화 과정을 실천하는 데 있어 서로에게 다짐하는 약속이기도 하다. 이를 정기적으로 점검하는 것이 '실행 점검 미팅'이다. 한 달에 한 번씩 점검하는 것이 이상적이며, 다음과 같은 질문을 던진다. 우리가 핵심 행동 수칙과 실천법을 잘 따르고 있는가? 우리가 이전의 익숙한 방식으로 다시 돌아가 새로운 행동 약속을 위반하고 있지는 않은가? 고성과 팀십 실천법을 좀 더 효과적으로 적용할 수 있는 부분이 있는가?

이 점검을 위해 팀원들은 미리 준비해야 하며, 특히 자신이 스스로 실천하지 못한 부분을 솔직하게 인정하는 팀원들을 칭찬해야 한다. 우리 모두는 인간이기에 실수할 수 있지만 그 실수를 통해 배우고 함께 성장하는 것이 중요하다. 완벽할 것을 기대할 필요는 없으며, 실수를 성장의 기회로 삼는 것이 핵심이다.

리더 중심 리더십에서 동반 성장으로 전환하는 과정에서의 핵심 행동 수칙은 다음과 같다.

"우리는 팀의 모든 목표에 동등하게 헌신하며, 서로가 그 목표에 도달할 수 있도록 돕는다."

이제부터 각 장에 핵심 행동 수칙이 포함될 것이며, 각 변화가 의미하는 바를 깊이 탐구한 후 본격적인 진단을 수행하게 될 것이다. 전체 핵심 행동 수칙 목록은 부록에서 확인할 수 있다.

거듭 강조하지만, 변화 과정에서는 기존의 습관으로 되돌아가려는 유혹이 크다. 이를 방지하기 위해 팀십 추진자를 지정하는 것이 중요하다. 팀십 추진자는 리더 및 팀원들과 협력하여 새로운 행동과 실천법을 실행하도록 독려하는 역할을 한다. 하지만 변화의 책임은 모두에게 있으므로 모든 팀원이 함께 이 여정에 참여하고 더 높은 성과와 더 나은 팀 문화를 만들겠다는 공동의 미션에 전념하는 것이 중요하다. 다만 변화의 초기 단계에서 누군가가 팀을 독려하고 방향을 제시하는 역할을 맡으면 전환 속도가 훨씬 빨라질 수 있다.

흩어진 별을 모아
빛나는 별자리를 만드는 일

세르게이 영과 그의 팀이 열 배 성장을 이루고, 그가 장수 연구에 더 많은 시간을 쏟을 수 있도록 하려면 새로운 팀십 행동 약속이 필요했다. 기존의 팀 문화에서는 팀원들이 세르게이 영

앞에서 서로 도전적인 질문을 던지는 일 자체가 거의 불가능했다. 그의 의견에 공개적으로 반대하는 일은 더더욱 상상할 수도 없는 일이었다.

우리는 진단 평가를 통해 영의 핵심 팀을 세계적 수준의 팀과 비교해 보았다. 나는 진단 질문 하나하나에 의미를 부여하며 팀십의 변화 요소들을 실감할 수 있도록 설명했다. 또한 팀원들에게 솔직하게 답변하라고 독려했다. 이 과정은 익명으로 진행되었으며, 영 역시 이를 강조했다.

"우리의 현재 상태를 평가하는 것은 우리가 함께 성장할 수 있는 여정을 위한 출발점일 뿐입니다. 우리가 얼마나 빨리, 얼마나 멀리 갈지는 팀으로서 우리가 직접 결정할 문제입니다."

진단 결과 점수는 낮았다. 나는 팀원들에게 3가지 질문을 던졌다.

→ 현재 우리의 상태는 만족스러운가?
→ 진단 평가를 하면서 이전의 익숙한 방식 중에 이제는 버려야 한다고 느낀 부분이 있는가?
→ 서로에게 새로운 방식으로 일해 보겠다고 다짐할 준비가 되어 있는가?

몇 달 후 한 임원이 이렇게 말했다. "그때 우리는 명확하게 깨달았습니다. 기존의 방식대로 일한다면 영이 제시한 '터무니없어 보이는 성장 목표'를 달성할 수 없다는 사실을 말이죠. 하지만 우리 모두가 가장 큰 문제를 테이블 위에 올려놓고, 개인이 아닌 팀 전체가 같은 목표를 향해 마음을 모으기 시작하자 그 목표는 더 이상 터무니없는 것이 아니게 되었습니다."

영 또한 이렇게 말했다. "이 변화 덕분에 저는 기존의 벤처캐피털 사업에서 전략과 투자자 관계에 더 집중할 수 있었고, 동시에 새로운 장수 연구 프로젝트를 개발할 수 있었습니다. 이제 제 역할은 팀원들이 성장하고 서로를 지원할 수 있도록 돕는 것이 되었죠. 이전처럼 모든 책임이 저에게 집중되는 것이 아니라, 팀이 진정한 의미에서 협력할 수 있도록 변했습니다. 결과적으로 저는 업무 시간의 약 1/3을 확보할 수 있었고, 기존 목표를 달성함과 동시에 완전히 새로운 비즈니스를 시작할 수 있었습니다."

결국 팀십이 그의 시간을 확보해 주었고, 그가 세운 대담한 목표를 현실로 만들었다.

3장

완전한 솔직함을
뿌리내리기

핵심 행동 수칙:

우리는 용기 있게 말한다.

"여기는 팀이 얼마나 잘하고 있는지를 자랑하는 자리가 아닙니다. 그럴 시간과 장소는 따로 있습니다. 하지만 지금은 아닙니다."

미국 최대의 초고속 인터넷 및 유료 TV 사업자인 컴캐스트 케이블의 엑스피니티Xfinity 부문 사장을 맡고 있는 빌 코너스Bill Connors는 이렇게 말했다. 그리고 핵심 이슈 점검 회의를 주재하면서 이렇게 덧붙였다. "이 회의에서는 각자 해결되지 않은 문제를 솔직하게 드러냅니다. 모든 구성원이 각자의 문제를 공유하고, 그 문제를 어떻게 해결할지 함께 고민합니다."

이 회의 중간에 외부인이 들어온다면 어느 팀의 문제를 이야기하는지 분간하기 어려울지도 모른다. 그만큼 협력과 솔직한 대화가 긴밀하게 얽혀 있기 때문이다. 일주일간 심각한 운영 장애가 있었을 때 마케팅 책임자가 나서서 조언을 하거나 자신의 관점에서 해결 방안을 제안하는 경우도 있다. 수요가 줄었다면 재무 책임자가 가장 적극적으로 인사이트를 제시하며 지원하기도 한다. 수백만 달러의 회계 공백을 메워야 할 때 디지털 경험 책임자가 해결책을 제시한다. 이를 공동의 문제로 보기 때문이다.

역할 구분에만 머물러 있는 것이 아니다. 누구 하나 실패하게 내버려두지 않는다. 리더십 팀에 속해 있다면 각자 다른 사람의 역할까지 이해하고 책임져야 한다. 전체 비즈니스 성과에 몰입하기 위해서다. 실적 부진이나 문제 상황이 있다면 누구든 그 지점을 짚어 내고, 혁신적인 해결 방안을 제시해야 한다. 진정한 팀이라면 말이다. 세계적 수준의 팀은 전체 업무의 약 30%를 자신이 속한 부서가 아닌 조직 전체의 성공을 위해 사용한다고 한다.

핵심 이슈 점검 회의는 코너스가 컴캐스트에서 40년 넘게 유지해 온 팀십 문화의 핵심이며, 그를 아시아 싱가포르 지사 운영 책임자에서 미국 동부·중부·중서부 전 지역을 총괄하는 고위 임원을 거쳐 5,200만 명 이상의 고객과 연 매출 600억 달러 규모의 기업을 이끄는 최고경영자 자리까지 오르게 한 초석이기도 하다.

그는 11년간 컴캐스트 중부 사업부를 이끌며 시장점유율과 수익성 측면에서 가장 부진하던 지역을 조직 전체에서 가장 높은 성장률과 최대 영업이익을 창출하는 핵심 사업 부문으로 탈바꿈시켰다. 그리고 그 중심에는 핵심 이슈 점검 회의가 있었다. 이 회의는 조직의 실질적 성과를 끌어내는 문제를 솔직하게 직면하도록 유도하는 문화를 만든다. 많은 사람들이 공적 자리에서는 칭찬하고, 비판은 사적으로 하라고 말한다. 하지만 코너스는 여기에 반기를 든다. "그 방식은 피드백을 팀의 집단지성과 연결시키지 못한다는 점에서 한계가 있습니다. 누군가의 제안에 과도한 위험이 느껴졌을 때, 나중에 따로 만나 비공식적으로 피드백을 주기로 결정한다면 그 피드백은 공개적으로 논의되지 못합니다. 그러면 내 의견이 다른 사람들에게 반박되거나 오히려 지지를 얻을 기회조차 사라지는 것이죠."

그는 이렇게 말한다. "공개적인 도전과 논쟁은 방어적이고 예민한 팀에서는 어렵습니다. 그런 팀은 아직 서로에게 솔직해질 준비가 되어 있지 않다는 뜻입니다. 하지만 탁월한 팀은 서로의 아이디어를 연마하고 시험하는 데 동의한 팀입니다. 핵심 이슈 점검 회의를 처음 도입하면 대부분 힘들어합니다. 회의 안건을 유지하는 것 자체가 쉽지 않죠. 다들 '우리가 지난 프로젝트로 상을 네 개나 받았습니다' 같은 이야기를 하고 싶어 하거든요.

훌륭한 성과임에는 분명하지만, 지금은 그 이야기를 나눌 때가 아닙니다. 처음에는 힘들지만 어느 순간부터 정말 중요한 문제들이 리스트에서 하나둘씩 해결되기 시작합니다. 실질적인 성과가 나오기 시작하죠. 그러면 팀원들의 자신감이 생기고, 왜 이렇게 강도 높은 회의를 해야 하는지 이해하게 됩니다."

그에게 이 회의는 단지 고위 경영진의 솔직함을 끌어내기 위한 수단이 아니다. 그것은 곧 조직 전체가 어떤 문제든 솔직하게, 용기 있게 말할 수 있는 문화를 만들어 가는 기반이다.

"물론 잘된 성과에 대해서는 칭찬하고, 헌신적으로 일해 준 팀원들에게는 감사 인사를 전합니다." 코너스는 이렇게 덧붙인다. "하지만 우리는 항상 다시 돌아와서 계획대로 되지 않는 것들, 기대에 못 미치는 것들에 대해 이야기합니다. 그래야 조직 전체가 솔직함에 익숙해지고, 고성과 팀의 새로운 기준을 받아들이게 됩니다."

회의실 밖 회의는 이제 그만

세계 최고 수준의 팀들은 잘 알고 있다. 햇빛은 최고의 살균제라는 사실을. 이제 우리는 솔직한 소통의 중요성을 다시 인식해야 하며, 갈등을 피하려는 태도가 팀의 신뢰와 성과에 얼마나 큰 손실을 초래하는지를 직시해야 한다.

솔직한 말이 오가지 않으면 팀은 과감한 혁신의 기회를 놓치게 된다. 또한 업무에 위협이 되는 문제나 실수를 드러내지 못하면 조직은 불필요한 리스크에 노출된다. 과거의 팀 문화에서는 '동료를 곤란하게 만들까 봐 입을 다문다'는 무언의 룰이 존재했다. 그러나 오늘날 우리가 지향하는 팀십 행동 약속은 다르다. '동료가 실패하거나 고립되는 것을 막기 위해 어떤 의견도 숨기지 않는다'는 자세가 필요하다.

하지만 여전히 많은 팀이 과거의 방식에 머물러 있다. 피드백 문화의 대표적 주창자인 킴 말론 스콧Kim Malone Scott은《실리콘밸리의 팀장들Radical Candor》이라는 책을 통해 솔직한 피드백과 배려를 동시에 실천하는 조직 문화를 제안했다. 상대방을 진심으로 배려하면서도 필요한 말을 정확하게 전하는 것이 바로 '완전한 솔직함Radical Candor '•이다. 하지만 현실에서는 여전히 솔직

• 킴 말론 스콧이 쓴《Radical Candor》의 한국어판《실리콘밸리의 팀장들》에서 'Radical Candor'를 '완전한 솔직함'으로 번역한 바 있다. '진심 어린 직언'의 뜻을 가진 이 표현을 이 책에서도 '완전한 솔직함'으로 옮겼다.

한 말이 숨겨진 조직이 많고, 우리는 새로운 실천 방식이 절실한 상황에 직면해 있다.

우리의 조사에 따르면 팀원 중 72%가 갈등을 회피한다고 응답했다. 너무 많은 팀이 회의 시간이나 공식적인 자리에서는 비판적 피드백을 하지 않고 사적인 대화에서만 나눈다. '회의 후 진짜 회의'라고 불리는 비공식 대화가 오히려 팀 내 투명성과 피드백의 주요 창구가 되어 버린 것이다. 하지만 이런 대화는 회의 안에서 이루어져야 한다.

문제는 이것이 단순히 소극적 표현의 문제가 아니라는 점이다. 어떤 조직에서는 등 뒤에서 누군가를 험담하는 문화가 버젓이 존재한다. 학창 시절부터 하지 말라고 배웠던 나쁜 습관인데도 오늘날 권위 있는 글로벌 조직의 고위 임원들조차 이를 묵인하거나 방치한다. 하지만 그런 행동을 허용하는 순간, 그 조직은 최고의 팀이 되는 여정에서 가장 에너지를 소모하고 주주 가치를 심각하게 훼손하는 행동을 방치하는 셈이다.

팀십은 동료의 성공을 진심으로 바라는 새로운 행동 약속이다. 최고의 해결책을 찾는 데 방해가 될 만한 그 어떤 정보도, 관점도, 팀에 숨기지 않는다. 우리의 진단 결과 평균적인 팀의 피드백 수준은 5점 만점 중 2.4점에 불과하다. 그러나 팀 내 심리적 안정감을 높이고, 서로의 아이디어를 공개적으로 점검하고 발전시키는 실천 방식을 도입하면 단 6개월 만에 이 수치를 4.5점까지 끌어올릴 수 있다. 그것이 바로 팀십이 만들어 내는 변화다.

팀 내 이견을 환영합니다

세계 최고 수준의 피드백 문화가 자리 잡은 팀으로 아이하트미디어iHeartMedia의 최고경영진이 있다. 이 팀을 이끄는 인물은 회장 겸 CEO 밥 피트먼Bob Pittman이다. 그는 미디어 업계에서 명예의 전당에 오른 인물이다. 1981년 MTV를 공동 창립하고 초기 프로그램을 기획했으며, MTV 네트워크의 CEO를 거쳐 케이블 네트워크의 선구자로 불렸다. AOL이 인터넷을 대중에게 보급하며 전체 인터넷 트래픽의 절반을 차지하던 시절 그는 AOL 네트워크의 CEO로 조직을 이끌었고, 이후 AOL 타임워너의 최고운영책임자COO를 맡으며 커리어를 이어 갔다.

아이하트미디어는 미국 내 1위 오디오 기업으로, 미국인의 90%가 매달 한 번 이상은 접한다. 전국 860개 이상의 라이브 방송 라디오 채널뿐만 아니라 디지털 플랫폼과 아이하트라디오 앱, 그리고 빠르게 성장 중인 팟캐스트 사업을 통해서다.

밥 피트먼은 컴캐스트의 빌 코너스처럼 효과적인 팀 의사결정을 위해서는 완전한 솔직함이 필수적이라고 믿는다. 그러나 피트먼은 한 발 더 나아갔다. 그는 '이견 제기'를 회사의 핵심 가치 중 하나로 삼았다.

"우리는 팀 내 이견을 환영합니다. 반드시 필요하기 때문입니다." 피트먼은 이렇게 말한다. "특히 타 분야 간 이견은 늘 현실적인 문제 해결을 위한 것이어야 합니다. 단순히 '그건 쓸모없다', '마음에 안 든다', '그건 절대 안 될 거다'라는 식의 불평은 안 됩니다. 제대로 된 이견은 이런 식입니다. '내 관점이나 경험으로 보면 이건 잘 안 맞을 수 있어요. 이런 대안도 함께 고려해 보면 좋겠습니다.'"

회의란 바로 그런 문제들을 치열하게 다루는 장이다. 어떤 문제든 마찬가지다. "우리의 고위 경영진 회의에서 못할 이야기는 내 사무실에 와서도 하지 마세요. 그 반대도 마찬가지입니다." 피트먼은 이렇게 강조한다. "그리고 제발 자신이 해 온 일을 나열하는 데 시간을 쓰지 마세요. 예외적인 상황, 지금 어려움을 겪고 있는 부분, 다른 사람들 때문에 막힌 지점을 공유해 주세요. 잘되고 있는 부분은 왜 잘되는지, 잘 안 되는 부분은 무엇이고 우리가 무엇을 할 수 있는지, 그런 문제들을 팀 전체가 다양한 경험과 시각을 바탕으로 파고들어야 합니다. 그래야 획기적인 해결책이 나옵니다."

그는 더 명확하게 못을 박는다. "문 뒤에서 나올 이야기는 회의 안에서도 말할 수 있어야 합니다. 특히 임원 간 갈등이라면 더더욱 그래야 합니다. 누군가와 풀지 못한 이슈가 있다면 회의장에서 바로 다루세요. 어디서 막혀 있든, 우리는 함께 풀 수 있습니다."

대부분 오해하지만 솔직하고 직접적으로 말하는 것이야말로 진정한 존중의 표현이다. 처음엔 불편하고 낯설 수 있다. 피트먼은 이렇게 덧붙인다. "하지만 그건 우리가 공동의 미션과 서로에게 진심으로 전념하고 있다는 뜻입니다. 서로의 실패를 그냥 두지 않겠다는 의미죠. 그리고 그것은 서로의 우려와 문제의식을 반드시 공유해야 한다는 뜻이기도 합니다."

팀십 실천법

진단을 마치고 '용기 있게 말한다'는 핵심 행동 수칙을 설정했다면, 이제 갈등 회피를 넘어 완전한 솔직함으로 전환하기 위해 6가지 팀십 실천법이 필요하다. 이 중 2가지는 세계적 수준의 팀들이 모두 기본으로 삼고 있는 행동 원칙이다. 바로 '3인 그룹의 힘'과 '아이디어 검증 훈련'이다.

1. **3인 그룹의 힘** The Power of Three

   회의 내에서 진정한 피드백을 이끌어 내기 위한 실질적 접근법이다. 팀 전체가 아닌 세 명 정도의 소그룹으로 나누어 특정 주제를 집중적으로 논의하고, 그 결과를 다시 전체에게 공유하는 방식이다. 작은 그룹 안에서 더 솔직하고 깊이 있는 의견 교환이 가능해지며, 이는 팀 전체의 논의 수준을 높인다.

2. **아이디어 검증 훈련** Stress Testing

   세계 최고 수준의 팀이 공통적으로 실천하고 있는 핵심 전략이다. 아이디어나 제안을 전투 훈련하듯 철저하게 점검하고, 그 과정에서 팀원들이 어떻게 서로를 도울 수 있는지 찾아낸다. 아이디어를 깎아내리기 위한 것이 아니라, 함께 더 단단하게 만들기 위한 실질적인 실천이다.

3. **솔직한 피드백 시간** Candor Break

   회의 중에 반드시 언급되어야 할, 그러나 아무도 말하지 않고 있는 주제가 있는지를 짧고 신속하게 점검하는 방법이다. 회의의 흐름을 멈추고 '지금 이 자리에서 우리가 말하지 않고 있는, 하지만 꼭 다뤄야 할 이슈가 무엇인가?'를 팀 전체가 함께 묻고 나눈다.

4. **핵심 이슈 점검 회의** Outlier Meetings

빌 코너스가 수십 년간 주간 회의에서 실천해 온 방식이다. 운영상 문제가 있거나 기대치에 못 미치는 항목들을 집중적으로 다루는 시간으로, 조직의 실질적 개선과 실행력을 끌어올리는 데 매우 효과적이다.

5. **요다 호출** Yoda in the Room

조직 내에 민감하거나 다루기 어려운 사안이 생겼을 때 불편한 진실을 꺼내기 위한 공통의 신호와 대화 방식이 마련되어야 한다. 팀 내 어느 누구라도 이 신호를 사용해 진실을 꺼내 놓고 함께 다룰 수 있도록 한다. 이는 진실을 말할 수 있는 용기와 그것을 받아들일 수 있는 안전한 환경을 동시에 조성하는 장치다.*

6. **솔직한 소통을 위한 채용** Hiring Candor

솔직한 피드백 문화를 만드는 일은 채용 단계부터 시작된다. 직접적인 소통이 일상인 팀은 후보자의 태도만큼이나 면접을 진행하는 조직의 태도 또한 중요하게 여긴다. 완전한 솔직함은 말로만 강조해서는 정착되지 않는다. 피드백

---

* '요다'는 〈스타워즈〉 시리즈에 나오는 현명하고 두려움 없는 조언자로, 아무리 불편한 진실이라도 조용히 꺼내 놓는 인물로 잘 알려져 있다. '요다 호출'은 바로 이런 상징에서 따온 표현이다.

은 보여 주는 것이며, 새로운 인재가 처음 조직을 만나는 순간부터 시작된다.

피드백 진단

1단계: 팀 내 피드백 문화에 대한 논의

아이하트의 피트먼 팀과 작업할 때 나는 이렇게 물었다.

"지금 이 방 안을 둘러봤을 때, 우리 모두가 서로의 의견에 이의를 제기할 수 있는 분위기인가요? 누군가 문제 제기를 하고 싶다면 그것을 편하게 말하고 함께 논의할 수 있을까요? 특정 주제로 회의를 소집했을 때뿐만 아니라 누군가가 사회적으로 민감하거나 리스크가 있을 법한 주제를 미리 꺼낼 수 있는 환경인가요?"

아이하트의 경영진은 아직 개선의 여지가 있음을 모두 인정했다. 실제로 진단 이후 소그룹으로 나뉘어 토론을 진행했을 때 한 임원이 솔직하게 지금까지 팀에 충분히 기여하지 못했다고 인정했고, 앞으로 한 달간 행동을 바꾸기로 공개적으로 약속했다. 팀은 이에 동의했고, 한 달간의 행동 변화 도전이 시작되었다.

2단계: 진단 질문

모든 팀원은 다음 질문에 대해 1점에서 5점까지 점수를 매긴다.

···▸ 모든 팀원은 위험이 따르거나 자신의 전문 영역을 벗어나는 주제라 하더라도 서로에게 직접적으로 이의를 제기할 의지가 있는가?

···▸ 모든 팀원은 서로의 약속과 결과에 대해 적극적으로 책임을 묻고 있는가?

이 설문은 팀의 신뢰를 받는 중립적인 구성원이 주관해야 하며, 각자의 응답은 익명으로 수집한다. 온라인 설문 도구를 사용하거나 페라지 그린라이트 웹사이트에 있는 진단 도구를 활용할 수 있다.

연구 결과에 따르면, 세계적 수준의 팀은 이 피드백 진단에서 평균 5점 만점 중 4.5점을 기록한다.

핵심 행동 수칙과 실행 점검 미팅

한 달 뒤, 피트먼 팀과의 실행 점검 미팅에서 '우리는 용기 있게 말한다'의 행동 수칙 이행 현황을 검토했다. 그와 함께 이전 세션 이후 새롭게 정립한 팀 내 약속이 잘 지켜졌는지도 확인했다.

이 미팅의 목표는 규칙 위반 사례가 있었다면 그것을 투명하게 꺼내 놓고 논의하는 것이었다. 실제로 한 팀원이 동료에 대해 뒷담화를 했다는 사실을 솔직하게 인정했고, 해당 동료와 직접 이야기하겠다고 약속했다. 이처럼 새롭게 재정립한 행동 약속을 지키지 못한 사례를 공개적으로 이야기하는 일은 팀 내 변화의 동력을 만들고 팀원 간 신뢰를 쌓는 중요한 첫걸음이 된다. 피트 먼은 이렇게 말했다.

"갈등이 생긴 사람들이 회의에 오는 이유는 당장 판단을 받기 위해서가 아니라 더 넓은 관점에서 이야기하고 상황을 명확히 하기 위해서입니다. 사실 두 사람 사이의 논의나 보이지 않는 곳에서 나누는 대화는 정보가 불완전한 경우가 많습니다. 전략조율회의에 이슈를 가져오면 팀 전체가 함께 의견을 나누게 되고, 그 과정에서 팀의 상호 연결성을 활용해 더 큰 가치를 만들어 낼 수 있습니다."

이처럼 피트먼의 팀은 솔직한 소통을 가능하게 하는 새로운 행동 약속의 필요성을 인식하고 이를 받아들였다. 그리고 그들이 새로운 행동을 실제로 정착시키는 데 핵심이 되었던 것은 높은 효과를 내는 실천법들을 꾸준히 적용하는 태도였다.

완전한 솔직함을 위한 팀 내 행동 원칙은 단순하다. "우리는 용기 있게 말한다." 이 문구를 중심으로 팀이 월 1회 정기적으로 실행 점검 미팅을 진행하면 새로운 행동 약속이 잘 지켜지고 있느지, 팀십의 행동 방식이 실제로 뿌리내리고 있는지 확인할 수 있다.

팀십 실천법 ❶ 3인 그룹의 힘

가장 강력하면서도 종종 간과되는 협업 실천 방식 중 하나가 바로 '3인 그룹의 힘'이다. 팀 전체를 세 명씩 소그룹으로 나누는 것만으로도 강력한 심리적 안정감이 형성된다. 시간은 단 5~8분이면 충분하다. 팀원들이 사무실에 함께 있든 원격으로 일하든 소그룹 내에서는 훨씬 더 용기 있게 솔직한 의견을 나눌 수 있다.

대형 회의실에서는 의자 방향을 서로 마주 보게 바꾸는 것만으로도 이 소규모 토론을 시작할 수 있다. 협업과 심리적 안정감의 중요성은 6장에서 더 자세히 다룰 예정이지만, 우리의 데이터에 따르면 소그룹 토의에서 솔직한 소통이 이루어지는 비율은 메인 회의실에 전체 팀이 함께 모였을 때보다 85% 더 높다. 소규모 환경에서는 각자 자발적으로 자신의 생각을 점검하고, 완성도 낮은 아이디어를 스스로 걸러 낸다. 그리고 다시 전체 회의로 돌아오면 소그룹 내에서의 합의를 쉽게 약화시키지 않는다. 완전한 솔직함과 투명성이라는 공동의 행동 약속을 어겼다는 인상을 주고 싶지 않기 때문이다.

소그룹 토의에서 논의한 내용을 공유 문서에 기록하면 그 솔직한 의견을 모두가 볼 수 있게 된다. 피트먼은 말한다. "사람들이 큰 규모의 팀 회의에서 마음껏 이야기하고 싶어 한다는 생각은 착각입니다. 나도 예전에는 열다섯 명 정도 되는 회의실에서 건강한 토론이 일어날 거라고 기대했어요. 그런데 회의가 끝나고 나서 복도에서 둘씩 따로 이야기하는 걸 보았습니다. 회의실 안에서는 꺼내지 못한 진짜 중요한 말들을 그제야 나누고 있는 거죠. 그들은 회의 시간이 부족했을 뿐만 아니라 자신감을 갖지 못한 겁니다. 소규모 그룹으로 대화하면 훨씬 더 풍부한 시각을 갖게 되고, 논의도 훨씬 깊어집니다. 이걸 활용하지 않으면 진실은 늘 복도에서 나오고, 그로 인해 우리는 중요한 기회를 놓치게 됩니다."

팀십 실천법 ❷ 아이디어 검증 훈련

정기적인 아이디어 검증 훈련은 고성과 팀을 위한 핵심 실천 항목이며, 마치 필수 영양소와도 같은 역할을 한다. 우리의 새로운 행동 약속은 서로에게 도전하는 문화를 받아들이는 것이다. 즉, '문제가 보이면 침묵하지 않고 말한다'는 명확한 합의다.

구식 문화에서 팀의 에너지를 갉아먹은 대표적 관행은 발표 중심 회의 방식이었다. 20쪽이 넘는 자료를 한 사람이 줄줄이 읽어 내려가는 긴 시간 동안 팀원들은 자리에 앉아 있어야 했다.

설령 반대 의견이 있더라도 그것을 공개적으로 표현하기보다는 나중에 따로 이야기하거나 침묵하는 일이 다반사였다. 자신의 소관이 아니라고 생각하거나 괜히 문제를 일으킬까 우려해서다. 하지만 드림팀은 다르다. 아이디어 검증 훈련은 협업 방식을 바꾸고 애자일 업무 문화를 도입하는 데 필요한 핵심 절차다. 이 내용은 7장에서 더 깊이 다룰 예정이다.

아이디어 검증 훈련은 '도전하는 문화'를 우연에 맡기지 않고 구체적인 실천 과제로 만든다. 진행 방식은 다음과 같다. 팀원 한 명이 팀 미팅에서 중요한 프로젝트를 간략히 소개한다. 관행적인 발표 시간과는 달리 발표 내용은 슬라이드 한 장 이내로 제한되며 다음 3가지 질문을 중심으로 구성된다.

⋯▸ 지금까지 달성한 주요 성과는 무엇인가?

⋯▸ 어디에서 어려움struggling을 겪고 있는가?(여기서 '어려움'이라는 단어를 사용하는 것은 중요하다. 이는 취약함을 공유하고 도움을 요청하는 신호이기 때문이다.)

⋯▸ 다음 단계로 어떤 계획이 있는가?

팀원들에게는 이 발표를 듣고 아이디어 검증 훈련을 수행하라는 명확한 임무가 주어진다. 다만 이 과정이 프로젝트 책임자의 권한을 빼앗기 위한 것이 아니라는 점을 미리 분명히 해야 한다. 이는 프로젝트 성공을 위해 날카로운 조언과 진심 어린 지지를 함께 전하겠다는 팀의 약속이다. 동료의 성공을 위해 우리가 감지한 위험 요소나 기회를 전달하고, 가능한 한 최고의 인사이트를 제공하는 것이다.

이후 팀원들은 세 명씩 소그룹을 구성한다. 온라인 회의에서는 소회의실Breakout Rooms 기능을 통해 소규모 세션으로 나누고, 대면 회의에서는 세 명씩 마주 앉아 그룹을 만든다. 그 안에서 각자의 인사이트와 조언을 정리한 뒤 자유롭고 솔직한 피드백을 다음 3가지 항목에 맞춰 문서화한다.

1. 발표 내용에서 보이는 문제점이나 위험 요소는 무엇인가?
2. 제안하고 싶은 혁신 아이디어나 조언은 무엇인가?
3. 팀원으로서 지원하거나 도울 수 있는 부분은 무엇인가?

이렇게 구성된 3인 그룹은 동료의 성공을 위해 주어진 시간 안에 모든 돌을 뒤집어 보듯 철저하게 피드백을 준비한다. 문제가 간단하다면 시간도 짧게 설정될 수 있다. 각 그룹은 불필요한 위험 요소를 점검하고, 그 위험을 낮출 수 있는 대안을 함께 모색하며, 끝까지 존중과 협력을 바탕으로 논의한다.

소그룹에서 나온 의견은 공유 문서에 정리된다. 이 문서는 '도전 과제', '혁신 아이디어', '지원 제안' 세 개의 열로 구성되어 있어서 발표자가 다양한 시각과 구체적인 지원 내용을 한눈에 파악할 수 있다. 피드백을 구체적으로 작성하는 능력은 팀이 반복적인 실천을 통해 익혀야 할 기술이다. 일부 팀은 이 피드백을 미팅 전이나 후로 옮겨 더 많은 시간을 확보하기도 한다. 이 과정을 통해 프로젝트는 팀 전체의 지혜로 철저히 검증되며, 결과적으로 훨씬 더 강력한 실행력을 얻게 된다.

피드백이 공유된 이후 프로젝트 책임자는 실시간이든 시차를 두든 반드시 다음의 방식으로 피드백에 응답해야 한다. "예, 이 제안을 반영하겠습니다." "아니요, 반영하지 않겠습니다. 그 이유는 다음과 같습니다." "아직 결정하기 어렵습니다. 추가 검토가 필요합니다." 이러한 '예/아니요/보류' 응답 방식은 이 실천 항목의 마지막을 매듭짓는 중요한 절차다. 이를 통해 피드백이 투명하게 반영되며, 권한을 침해했다는 오해도 줄일 수 있다.

팀십 실천법 ❸ 솔직한 피드백 시간

한 임원진이 원격 근무 정책을 바꾸는 문제를 논의하고 있다고 가정해 보자. 구성원들이 사무실 출근을 늘리는 방향에 대체로 동의하는 분위기다. 재무 책임자인 톰이 말한다. "모든 사람이 시간을 제대로 쓰고 마감일을 잘 지키고 있는지를 확인하려면 다 함께 사무실에 있는 편이 더 낫습니다." 운영 책임자인 타니아도 맞장구친다. "맞아요, 톰. 이렇게 큰 사무실을 마련해 놨는데 아무도 안 온다면 의미가 없죠."

아무도 반대 의견을 내지 않는다. 이의는 없어 보인다. 이럴 때 바로 '솔직한 피드백 시간'이 필요하다. 회의 중간에 잠시 멈추어 "지금 이 자리에서 반드시 논의해야 할 이야기 중 아직 나오지 않은 것은 무엇인가요?"라고 묻는 것이다. 이는 생각은 있으나 말하지 못하고 넘어가는 분위기를 깨는 매우 효과적인 방법이다.

방법은 간단하다. 팀원들이 짝을 지어 옆 사람과 이 질문에 대해 대화를 나누게 하거나 온라인 회의일 경우 소회의실 기능을 활용한다. 각 그룹에서는 실시간으로 떠오른 생각을 공유 문서에 기록한다. 그리고 전체 회의로 돌아와 각 그룹의 의견을 함께 나눈다. 예컨대 '사무실 출근 확대'라는 안건에 대한 팀원들의 속마음을 이 피드백 시간을 통해 확인할 수 있다. 실제 사례는 6장에서 더 자세히 소개할 예정이다.

팀십 실천법 ❹ 핵심 이슈 점검 회의

빌 코너스의 핵심 이슈 점검 회의는 매주 한 시간씩 정기적으로 진행되며, 조직의 핵심 성과 지표에 따라 반복적인 구조로 운영된다. 이 회의는 팀이 놓치기 쉬운 예외 상황이나 성과에 영향을 미치는 중요한 문제들을 우선적으로 식별하고 해결하기 위해 설계된 것이다. 코너스가 이끄는 엑스피니티의 경우 회사의 전략적 우선순위를 나타내는 'CENTER'라는 약어를 기반으로 의제가 구성되어 있다.

⋯→ Customer Growth(고객 성장)

⋯→ EBITDA(이자, 세금, 감가상각비, 무형자산상각비 차감 전 영업이익)

⋯→ Net Promoter Scores(순추천지수)

⋯→ Top-line Revenue(총매출)

⋯→ Employee Engagement(직원 몰입도)

⋯→ Return on Capital(자본 수익률)

팀은 각 항목별로 예외적이거나 중요한 문제를 식별하고, 이에 대해 솔직하게 논의할 준비를 한다. 만약 어떤 운영상 이슈가 이번 주 안에 해결되지 않는다면, 그 문제는 의제에서 사라지지 않고 다음 회의까지 계속 다뤄진다. 코너스는 이렇게 말한다. "한 시간이라는 시간 제한은 대화를 명료하게 만들고, 불필요한 소모를 줄입니다."

팀십 실천법 ❺ 요다 호출

〈스타워즈〉에 등장하는 현자 요다는 궁극적인 지혜와 통찰을 상징한다. 나는 모든 팀 안에 요다 같은 지혜가 있다고 믿는다. 다만 그 지혜는 어느 한 사람 안에 있는 것이 아니라 모두의 시각을 모아야만 온전히 드러난다. 문제는 사람들이 대부분 진실을 말할 용기를 갖지 못한다는 점이다.

그래서 우리는 '요다 호출'을 회의 중 사용할 수 있는 일종의 안전 신호로 도입한다. 회의 중 누구나 손을 들고 요다를 호출하면 말하기 어려운 주제나 불편한 진실을 드러낼 수 있도록 한다. 처음에는 몇 명의 '요다'를 지정해 역할을 맡기는 방식으로 시작해도 좋으며, 궁극적으로는 모든 팀원이 적극적으로 요다 역할을 하는 것이 목표다. 특히 민감하거나 충돌 가능성이 있는 대화에서 유용한 방식이다. 요다는 서로 다른 관점을 중재하거나 회피되고 있는 문제를 드러내는 역할을 맡는다. 이는 팀 내 심리적 긴장을 완화하고 건설적인 대화를 가능하게 하는 데 큰 효과가 있다.

반드시 고위직을 요다로 지정할 필요는 없다. 판단력이 좋고 공정한 사람이라면 누구나 요다 역할을 맡을 수 있다. 만약 팀원들이 요다 역할을 선뜻 맡지 않거나 도입 자체를 꺼린다면, 이는 그 팀에 솔직한 대화나 안전한 분위기가 부족하다는 신호일 수 있다. 그렇기에 오히려 더 절실히 필요한 장치이기도 하다.

예를 들어 회의 중 "요다를 호출합니다"라는 말이 나오면 팀장은 "좋아요, 말씀해 주세요"라고 응답한다. 그러면 "우리가 이 주제를 몇 차례나 반복하고 있는데, 실은 핵심 문제를 회피하고 있는 건 아닐까요?"라는 식의 이야기가 나올 수 있다. 혹은 "지금 대화가 본론에서 벗어난 지 오래인데, 차라리 이 부분은 회의 이후에 다루는 게 나을 것 같습니다. 다시 의제로 돌아가면 어떨까요?"라고 말할 수도 있다. 혹은 "지금 이 사안은 피에르 부서와 관련된 건데, 정작 피에르의 의견은 못 들은 것 같아요. 피에르, 어떻게 생각하세요?"라는 식의 질문도 가능하다.

요다 호출은 모든 구성원이 회의의 질과 결과에 책임감을 가지게 한다. 실패하는 회의를 그냥 지켜보는 대신, 그 흐름을 바꾸는 데 직접 나서게 하는 것이다. 함께 성장하는 팀이라면 회의의 성공 역시 모두의 책임이며, 더 나은 결과로 가는 데 도움이 되는 말이라면 누구라도 용기 있게 해야 할 의무가 있다.

요다 호출은 결국 '지금 말해야 할 것을 말할 수 있도록 초대하는 것'이다. 머릿속에 있지만 보통은 입 밖에 내지 않거나, 채팅으로 따로 보내거나, 회의가 끝난 뒤 복도에서 말하는 그런 이야기를 지금 이 자리에서 꺼낼 수 있도록 하는 장치다.

팀십 실천법 ❻ 솔직한 소통을 위한 채용

투자자이자 기업가이며《원칙PRINCIPLES》의 저자로 잘 알려진 레이 달리오Ray Dalio는 자산운용사 브리지워터 어소시에이츠에서 50년 가까이 회사를 이끌며 솔직함과 투명성을 극도로 중시하는 기업 문화를 구축한 것으로 유명하다. 1975년 두 칸짜리 아파트에서 시작된 회사는 그가 경영에서 물러난 2022년 무렵 1,200억 달러 규모의 자산운용사로 성장해 있었다.

세계경제포럼에서 달리오와 대화를 나눴을 때, 그는 조직이 솔직한 피드백 문화를 정착시키는 가장 좋은 방법은 애초에 솔직한 소통에 익숙하고 편안함을 느끼는 사람을 채용하는 것이라고 말했다. 기존 구성원을 중심으로 문화를 바꾸는 데에는 많은 저항과 어려움이 따르기 때문이다.

그는 채용 인터뷰 단계에서 조직이 겪고 있는 현실적인 어려움과 도전 과제를 투명하게 공유할 것을 권한다. 있는 그대로 보여 주는 것이다. 해당 직무를 매력적으로 포장해 파는 것이 아니라, 그 역할이 얼마나 고되고 어려울 수 있는지를 솔직하게 전달하라는 것이다. "지원자에게 진짜 모습을 보여 주세요. 특히 힘든 부분을요. 조직의 원칙이 실제로 어떻게 작동하는지도 보여 줘야 합니다. 그래야 그 사람이 실제로 이 조직의 현실을 감당할 수 있는지 사전에 점검할 수 있습니다."

최종 후보자가 결정되기 직전에는 리더가 그 사람의 역량에 대해 갖고 있는 우려나 의문점 또한 솔직하게 전달해야 한다고 말한다. 그에 대한 후보자의 반응은, 그 사람이 솔직한 피드백에 어떻게 반응할지를 실제로 시험할 수 있는 좋은 기회다. 반대로 후보자에게도 이 역할이나 회사에 대해 걱정되는 점이 있다면 솔직하게 말해 달라고 요청하라. 이런 방식으로 대화함으로써 채용 결정 전에 그 사람이 실제 조직에서 직설적이고 투명한 소통을 어떻게 감당할지 미리 가늠할 수 있다.

피드백은 선물이다

동료 간에 서로 이견을 제기하는 문화를 만드는 데 가장 큰 어려움은, 일부 스포츠 팀을 제외하고는 우리가 대부분 동료로부터 자연스럽게 피드백을 주고받아 본 경험이 거의 없다는 점이다. 어릴 적부터 우리는 피드백을 위에서 받는 방식이 익숙했다. 부모, 교사, 코치, 상사처럼 권한을 가진 사람들로부터 지시를 받았고, 그 피드백을 따라야 한다는 전제가 있었다.

하지만 동료로부터의 피드백은 다르다. 이것은 어떤 강제력이나 실행 의무가 전제되지 않는다. 피드백은 일종의 데이터이며,

이를 용기 있게 수집하고 분석한 뒤 수용 여부는 각자의 판단에 맡겨야 한다. 물론 시간이 지나도 피드백을 전혀 활용하지 못하는 경우 상급자가 개입할 수는 있다. 하지만 피드백은 본질적으로 선물이며, 그 선물을 어떻게 활용할지는 그 사람의 선택이다.

우리가 해야 할 일은 이 피드백이 투명하게, 온전히 수집되고 분석되도록 하는 것이다. 아직은 낯설더라도 동료 간의 피드백 문화는 우리가 익혀야 할 새로운 사회적 약속이다. 그리고 이 문화를 정착시키는 데 정기적인 아이디어 검증 훈련은 실질적인 코칭 역할을 한다. 우리 모두가 이 도전적 문화를 자연스럽게 체득해 가도록 돕는 훈련인 것이다.

긴밀한 관계로 가는 시작점

솔직한 피드백이 선물이라는 인식은 팀이 동반 성장을 향해 나아가는 여정에서 중요한 전환점이다. 서로의 성공을 진심으로 바라고 서로를 도우려는 것은 세계적 수준의 팀이 갖는 기본 태도다. 함께 더 높은 곳으로 나아가고자 하는 공동의 의지이자 더 깊고 의미 있는 관계로 발전하기 위한 중요한 첫걸음이다. 이 여정은 다음 장에서 더욱 깊이 살펴볼 것이다.

서로를 책임지는
팀으로의 전환

우리는 서로의 성공을
자신의 책임으로 받아들인다.

페드로 카릴료Pedro Carrilho와 그의 사업 파트너 후안 마르틴 Juan Martin은 전형적인 스타트업 창업자의 고민에 직면해 있었다. 두 사람은 똑똑하고 집중력이 있었으며, 호주 시드니를 기반으로 한 로우코드Low-Code 솔루션 기업인 피닉스DX에 대해 명확한 비전을 갖고 있었다. 두 창업자의 직접적인 리더십 아래 회사는 빠르게 성장했다. 하지만 창업자가 모든 일에 손을 뻗는 방식에는 한계가 있었다. 이들이 가장 높은 수준에서 이뤄 낸 효과적인 협력이 조직 전반으로 확산되지 않는다면 성장은 멈출 수밖에 없었다.

공동 창업자인 두 사람은 서로를 깊이 신뢰하며 한 문장의 나머지를 이어 말할 수 있을 정도로 통하는 사이였다. 그러나 자신들 바로 아래의 리더 계층에서는 자신들과 같은 끈끈한 유대감이 보이지 않았다. 조직은 기능별 사일로silo•로 분절되어 있었고, 각자 맡은 일은 열심히 하고 있었지만 다른 팀이 무엇을 하는지는 별 관심이 없었다. 팀 간의 신뢰도 거의 없었다. 이들은 변화를 만들어야 한다고 직감했다. "우리는 피닉스DX가 '작은 페드로들'이나 '작은 후안들'로만 가득한 조직이 되는 것을 원하지 않았습니다. 우리처럼 서로 도전하고 밀어붙일 수 있는 사람들이 필요했어요."

카릴료와 마르틴은 함께 성장하는 팀 문화, 즉 동반 성장의 철학을 진심으로 믿고 있었다. 다만 그 문화를 실제로 팀 안에서 구현할 방법이 필요했다.

기획부터 설계까지 담당하는 컨설팅 기반 비즈니스에서는 영업과 프로젝트 관리, 그리고 개발자—피닉스DX의 경우 아시아태평양 지역의 여러 국가에 분산되어 원격 근무 중인 엔지니어들—가 하나의 고객 중심 팀으로 움직여야 한다. 그러나 실상은 달랐다. "우리는 서로를 화면 속 조각난 타일처럼 여겼어요." 한

• 조직 내 부서 간 장벽이나 부서 이기주의

팀원이 회상했다. "가끔 협업하는 사람도 있었고 아예 모르는 사람도 있었죠. 우리는 서로를 잘 모르는, 심지어 서로에게 별 관심도 없는 집합체에 가까웠습니다."

이러한 단절 속에서 마르틴과 카릴료는 고객 경험의 틈을 메우기 위해 직접 프로젝트에 뛰어들어야 했다. 전략과 비즈니스 성장을 위한 시간을 써야 할 창업자들이 실행 단계에 개입하느라 바쁘게 허우적대고 있었던 것이다. 이제는 관계의 파편들 위에 신뢰의 구조를 세워야 했다. 창업자 바로 아래의 리더 계층이 서로에게 관심을 갖고, 실패하지 않도록 지지하고, 공감과 신뢰를 의도적으로 만들어야 했다. 과제는 분명했다. 피닉스DX는 향후 6개월 안에 완전히 변해야 했다.

관계와 신뢰는 모든 변화의 토대다

팀 구성원 중 오직 41%만이 동료들과 배려와 신뢰, 지지가 바탕이 된 관계를 맺고 있다고 느낀다. 반면 직원의 58%는 직장 동료보다 낯선 사람을 더 신뢰한다고 답했다.

팀 내에서 서로에 대한 책임감과 공감을 바탕으로 관계를 쌓는 것은 서로를 용서하고 기꺼이 돕는 환경을 만드는 데 매우 중요하다. 하지만 많은 팀이 동료 간 신뢰가 무너진 채 방치되어 있다. 이런 상황이 지속되면 감정의 골이 깊어지고, 결국 회사의 가치를 갉아먹게 된다. 그럼에도 대다수 팀은 부진한 결과나 문제 행동, 낮은 성과를 그저 지켜보며 속수무책으로 견디고만 있다. 당신의 팀에도 회사의 성과를 가로막는 관계의 단절이 있지 않을까?

과거에는 동료와의 유대가 종종 우연한 만남에서 시작되었다. 복도를 걷다가 동료를 마주치거나 정수기 앞에서 이야기를 나누는 것이 계기가 되곤 했다. 그래서 일부 리더들은 직원들이 다시 사무실로 돌아오길 기대한다. 그런 문화적 연결이 다시 일어나길 바라기 때문이다.

그러나 이처럼 전통적인 유대 형성 방식, 즉 '우연한 유대'는 말 그대로 우연에 기대는 방식이다. 아날로그 시대에는 괜찮았을지 몰라도 지금의 업무 환경에는 더 이상 적합하지 않다. 오늘날의 팀은 전 세계에서 빠르게 구성되고, 때론 서로 아무런 배경지식도 공유하지 않은 채 대담하고 도전적인 과업을 수행해야 한다. 주요 협업 수단이 온라인 플랫폼인 현실에서는 우연에 의존한 관계 형성이 힘들 수밖에 없다.

우리에게 필요한 것은 드류 휴스턴Drew Houston처럼 문화 설계를 의도적으로 실천하는 리더다. 드롭박스의 CEO인 그는 팀의 연결과 유대를 당연한 것으로 여기지 않고 '설계해야 할 과제'로 인식했다. 다음 장에서 자세히 살펴보겠지만, 휴스턴은 드롭박스를 원격 중심virtual-first 조직으로 전환하며 10개의 오피스를 없애고 30개의 글로벌 협업 스튜디오를 설계했다. 이 공간들은 단순한 근무 장소가 아니라 구성원 간 관계를 깊이 있게 다지기 위한 협업의 장이었다. 드롭박스 팀원들이 직접 모이는 목적도 결국 더 깊은 유대를 쌓는 데 있다.

그러나 드루 휴스턴처럼 팀의 행동을 의도적으로 설계하려는 리더는 여전히 드물다. 실제로 우리의 조사에 따르면 팀 구성원 중 단 49%만이 동료의 기여를 진심으로 존중하고 있다고 답했다. 전문적 존중이 결여된 환경에서는 완전한 솔직함 같은 고무적인 행동이 팀 내에 자리 잡기 어려운 것도 무리는 아니다.

생산적인 상호 작용은 모두 관계에서 출발한다. 그리고 관계의 핵심은 결국 신뢰다.

개인적 신뢰, 직업적 신뢰, 구조적 신뢰

신뢰에는 3가지 유형이 있다. 직업적 신뢰, 구조적 신뢰, 그리고 개인적 신뢰다. 이 개념을 잘 보여 주는 장면을 직접 목격한

적이 있다. 대학을 갓 졸업하고 처음으로 일한 곳은 델라웨어주 월밍턴에 있는 한 제조 공장이었다. 어느 날 노조 대표가 새로 부임한 공장장과 대화를 나누기 위해 사무실로 찾아왔다. 그는 이렇게 말했다. "조, 내가 알아보니 꽤 괜찮은 사람 같더라고. 당신이 맡았던 다른 공장 몇 군데에 연락해 봤어. 여기 와 줘서 반가워. 그런데 말이야, 우린 한잔하러 가야 해."

그 노조 대표는 새 공장장이 이전 공장에서 성과를 낸 이력을 인정하면서 직업적 신뢰를 기반으로 대화를 시작했다. 하지만 그는 곧, 서로 다른 입장을 대변해야 하는 상황에서도 비공식적으로 소통할 수 있는 개인적 관계가 필요하다고 시사했다. 즉, 개인적 신뢰를 쌓자는 의미였다. 그 사람의 눈을 바라보고 그의 가치를 이해하며 진정성 있게 신뢰할 수 있어야 한다는 것이다. 그리고 사무실을 나서며 농담조로 덧붙였다. "이 모든 게 다 좋아도, 아마 난 당신을 꽤나 힘들게 할걸."

마지막 말은 구조적 신뢰에 관한 이야기였다. 노조 대표로서의 역할이 공장장의 역할과 충돌할 수 있음을 인정하는 것이다. 조직 안에는 이처럼 수많은 구조적 갈등이 존재한다. 상사와 부하 직원 간의 위계, 특정 조직이 다른 부서보다 더 많은 권한을 갖고 있는 경우, 혹은 노조 대표와 공장장처럼 우선순위가 엇갈리는 팀 간의 긴장도 있을 수 있다. 그러나 결국 진짜로 일을 함

혼자 리드하지 마라

께해 나가는 데 핵심이 되는 건 바로 개인적 관계다. 그것이야말로 의견 차이와 구조적 장벽을 넘어 협업할 수 있는 신뢰를 만들어 준다. 예를 들어, 엔지니어링 부서장과 마케팅 부서장은 직업적으로 세상을 다르게 볼 수밖에 없다. 그래서 더더욱 개인적인 차원에서 관계를 형성하고 공감대를 찾아야 어려운 상황에서도 함께 앞으로 나아갈 수 있다.

많은 사람들이 신뢰가 자연스럽게, 혹은 우연히 생긴다고 생각한다. 그러나 실상은 그렇지 않다. 페라지 그린라이트에서는 수년간 오랜 반목과 불신을 지닌 팀들을 변화시키는 작업을 해 왔다. 계획적인 개입을 통해 그들을 서로에 대한 지지의 단계로 이끌어 왔다.

신뢰는 변화의 기반이다. 리더든 팀원이든 이 점을 반드시 인식하고 수용해야 한다. 앞서 소개한 팀십 실천법인 아이디어 검증 훈련은 직업적 신뢰를 형성하는 데 큰 도움이 된다. 팀원들이 솔직하게 의견을 나누고, 각자의 사고방식을 들을 수 있는 시간을 충분히 가지면 서로에 대한 존중이 자라난다. 단지 배경이나 학벌이 다르다는 이유로 상대의 의견을 가볍게 넘기던 일이 줄어들고, 오히려 호기심으로 접근하게 된다.

친한 친구가 회의 중에 자신과 다른 의견을 낸다면 우리는 "무슨 얘기야?"라고 자연스럽게 물을 것이다. 친구에 대한 기본적인 존중이 깔려 있는 반응이다. 그러나 친분이 없는 누군가가 같은 의견을 내면 대부분 조용히 입을 닫는다. 그 의견을 듣기보다는 속으로 '저 사람 뭘 모르는구나' 하고 무시해 버린다. 결국 이런 반응의 차이는 개인적 신뢰의 유무에서 비롯된다. 이를 위해 우리는 관계를 맺어야 하고, 새로운 행동 약속을 체결해야 한다.

나는 《혼자 밥먹지 마라》나 《요즘 세대와 원 팀으로 일하는 법 Leading Without Authority》 같은 전작에서 신뢰와 나눔과 배려, 즉 '섬기고, 나누고, 돌본다'는 개념의 중요성을 다뤘다. 이제 팀십의 관점에서 이를 다시 살펴보려 한다.

먼저 '섬김'이다. 2장에서 말했듯이 우리는 서로의 성장을 돕겠다는 책임감을 고성과 팀의 기준으로 삼아야 한다. 팀 안에서 서로를 위해 기꺼이 책임을 나누려는 태도 말이다. 내 친구이자 조직심리학자인 애덤 그랜트Adam Grant는 대학원생 시절 《혼자 밥먹지 마라》를 읽었다고 한다. 나는 그 책에서 '네트워크 안에서 성공하려면 관대함으로 먼저 다가가야 한다'는 이야기를 했다. 애덤은 이후 수많은 연구를 통해 성공의 가장 빠른 지름길은 타인을 돕는 데 있다는 사실을 증명했다. 상대의 커리어 목표를 이해하고, 그가 그 목표를 이룰 수 있도록 돕는 것. 또는 단순히 경청하고, 코치로서 곁에 있어 주는 것. 이 모두가 팀 안에서 실천될 수 있는 섬김의 방식이다(이 내용은 10장에서 더 자세히 다룰 예정이다).

다음은 '나눔'이다. 나눔은 서로의 인간다움을 마주하게 한다. 나와 당신이 완전히 같지는 않더라도 내가 당신의 이야기를 듣고 당신의 입장에서 세상을 바라보려 노력한다면 공감이 싹트기 시작한다.

마지막은 '돌봄'이다. 돌보는 것은 선택할 수 있는 태도다. 당신이 나를 돌본다는 걸 알게 되면 나도 당신의 생각을 들을 준비가 된다. 당신이 나를 하나의 인격체로 인정한다는 걸 느끼면 때로는 치열한 협업이나 논쟁도 받아들일 수 있다.

이렇듯 팀 구성원이 서로를 향한 진심 어린 태도를 만들어 가는 것이 무엇보다 중요하다. 그리고 그 책임은 각자의 몫이다. 서로를 진심으로 아끼겠다고 다짐한다면 자연스럽게 서로에게 질문하고 호기심을 가질 수 있게 된다.

팀십 실천법

진단을 완료하고 핵심 행동 수칙을 정한 뒤에는 우연한 관계에서 벗어나 의도적으로 유대감을 형성하기 위한 3가지 팀십 실천법이 제시된다. 이 가운데 하나는 우리가 전 세계의 수많은 팀에게 코칭해 온 가장 효과적인 실천 항목인 '개인/업무 상태 공유'다.

1. **희노애락 나누기** Sweet and Sour

   회의를 시작하며 5분만 투자해 팀원들이 현재 각자의 삶에서 잘되고 있는 일과 어려움을 겪고 있는 일을 하나씩 나누도록 한다.

2. **개인/업무 상태 공유** Personal Professional Check-in

   이 방식은 서로 잘 알지 못하는 사람들 사이에서도 즉각적인 유대감을 만들어 낼 수 있다. 특히 팀 내에서는 구성원 간 신뢰를 형성하는 전환점이 되곤 한다.

3. **신뢰 구축 저녁 모임** Intimacy Dinner

   분기마다 한 번 갖는 저녁 모임으로, 각자의 삶을 형성한 개인적인 이야기를 나누는 자리를 마련한다. 스토리텔링을 중심으로 하는 이 시간은 진정한 친밀감을 쌓는 데 매우 효과적이다.

관계 진단

1단계: 팀 내 관계에 대한 논의

앞서 소개한 아이하트 팀과 마찬가지로, 이 진단은 팀 내에서 신뢰받고 비교적 중립적인 인물이 주도하는 것이 바람직하다. 이 진단은 팀원들 사이의 관계에 대해 열린 대화를 시작하는 계기가 된다. 이상적으로는 이 장의 내용을 팀원들이 미리 읽고, 다음의 예시들과 비교했을 때 현재 우리 팀의 행동과 관계에 대한 약속이 어떤 수준인지 비교해 볼 수 있도록 준비한 상태에서 논의하는 것이 좋다.

우리는 서로를 돕고 나누고 보살피는 관계를 실제로 구축하고 있는가? 전 세계 수많은 팀을 대상으로 20년간 수집한 우리의 진단 자료에 따르면 평균적인 팀의 관계 점수는 5점 만점에 2.8점이다. 코로나19 팬데믹 기간 동안 팀이 의도적으로 유대감을 형성하지 않은 경우 이 점수는 2.3점까지 떨어졌다. 반면 세계적 수준의 팀은 평균 4.7점을 기록한다. 왜 이렇게 많은 팀들이 서로를 존중하거나 헌신적인 관계를 형성하는 데 어려움을 겪는 걸까? 대부분의 팀 관계가 의도적 관계 구축이 아니라 우연에 맡겨졌기 때문이다.

이는 우리가 피닉스DX에서 관계 진단을 시행했을 때도 확인되었다. 다양한 부서로 구성된 팀들이 관계 항목에서 5점 만점에 2.4점을 기록했다. 이들은 팀십 실천법을 적극적으로 도입할 필요가 있었다.

2단계: 진단 질문

모든 팀원은 다음 질문에 대해 1점에서 5점까지 점수를 매긴다.

> **1** 전혀 그렇지 않다　**2** 그렇지 않다　**3** 보통이다　**4** 그렇다　**5** 매우 그렇다

··→ 모든 팀원은 서로가 기여하는 바를 존중하고 가치 있게 여기는가?

··→ 모든 팀원은 서로 배려와 신뢰, 지지를 기반으로 한 관계를 구축했는가?

··→ 모든 팀원은 팀의 성공에 핵심적인 외부 네트워크와의 관계를 적극적으로 발전시키며, 그들을 우리 팀의 실질적 지지자로 전환하기 위해 노력하는가?

이 설문은 팀의 신뢰를 받는 중립적인 구성원이 주관해야 하며, 각자의 응답은 익명으로 수집한다. 온라인 설문 도구를 사용하거나 페라지 그린라이트 웹사이트에 있는 진단 도구를 활용할 수 있다.

핵심 행동 수칙과 실행 점검 미팅

의도적인 관계 구축을 위한 핵심 행동 수칙은 다음과 같다. "우리는 서로의 성공을 자신의 책임으로 받아들인다." 이와 같은

전환이 팀 내에서 시작된 후에는 한 달 이내에, 그리고 그 이후에는 주기적으로 실행 점검 미팅을 실시해야 한다. 이 시간은 새로운 행동 약속이 실제로 지켜지고 있는지 점검하고, 팀십 실천법들이 잘 실행되고 있는지 확인하는 기회다. 또한 그 과정에서 어긋난 부분이 있었다면 이를 함께 이야기하며 바로잡는 시간을 갖는다.

팀십 실천법 ❼ 희로애락 나누기

관계를 구축하는 핵심은 공감이다. 공감은 신뢰의 관문이며, 그 관문을 여는 열쇠는 '취약함을 공유하는 것'이다. 이제 우리는 단순히 '영업팀의 A씨', '마케팅팀의 B씨'가 아니다. 우리는 기쁨, 축하, 어려움, 도전, 두려움 등 인간적인 감정을 함께 나누는 존재다. 그러나 취약성은 자연스럽게 공유되지 않기 때문에 이를 공유하기 위해서는 의도적이고 실행 가능한 방식으로 설계해야 한다.

이를 위한 방법으로 회의 초반 5분 동안 '희로애락 나누기'를 실천해 보자. 회의 시간의 5분을 투자해 팀원들이 돌아가며 각자 요즘 삶에서 가장 기쁜 일 하나, 그리고 최근에 가장 힘들거나 걱정되는 일 하나를 공유하는 것이다. 예를 들어 기쁜 일은 아들이 축구를 잘한다든지, 몇 달간 준비한 인사 시스템 프로젝트가 드디어 론칭됐다든지 하는 내용일 수 있다. 걱정되는 일로는 어머니가 피츠버그에서 혼자 지내시는데 건강이 걱정된다는 이야기일 수도 있고, 예산 집행이 늦어져서 2분기 리드 생성 프로젝트가 지연되며 성과에 영향이 있을까 봐 걱정된다는 것일 수도 있다.

희로애락 나누기의 장점은 기쁜 일로 먼저 시작하기 때문에 팀원들이 상대적으로 편안하게 대화에 참여할 수 있다는 점이다. 좋은 일을 먼저 이야기하면 슬프거나 걱정되는 이야기는 너무 무겁지 않게 공유되는 경향이 있다. 이는 괜찮은 방식이다. 중요한 것은 공감의 회로를 여는 것이다. 각자에게 주어지는 시간은 1분 내외로 짧고 간결하게 진행된다. 작은 시작이지만 팀 내 공감과 신뢰의 문을 여는 데에는 아주 효과적인 방법이다.

팀십 실천법 ❽ 개인/업무 상태 공유

개인/업무 상태 공유Personal Professional Check-in, PPC는 전 세계 수많은 팀을 코칭하면서 우리가 가장 강력하게 추천해 온 실천 중 하나다. 나 역시 이 방식을 경영자들과의 전문적인 만찬 자리에서 자주 활용한다. 전혀 모르는 이들이 한자리에서 빠르게 가까워질 수 있기 때문이다. 희로애락 나누기가 한 사람당 약 1분 내외로 진행되는 반면 PPC는 상황에 따라 한 사람당 몇 분이 될 수도 있다. 그렇기에 팀 회의보다는 저녁 식사 자리에서 더 깊은 대화가 오갈 수 있다. 방법은 간단하다. 이렇게 질문을 던진다.

"요즘 당신에게 일어나고 있는 중요한 일은 무엇인가요?"

"개인적으로나 업무적으로 요즘 어디에서 어려움을 느끼고 있나요?"

이 두 질문은 모두 '어려움'을 드러내도록 설계되어 있다. 그렇기에 대체로 대화가 좀 더 깊은 층위에서 시작된다. 여기서 중요한 건 '누가 첫 번째로 말을 꺼낼 것인가'다. 리더가 먼저 시작할 경우 자신의 진정성 있고 솔직한 이야기를 나눌 준비가 되어 있어야 한다. 이를 통해 구성원들이 마음을 열 수 있도록 길을 마련하는 것이 중요하다.

나의 경우 위탁 양육 중인 아이들에 대해 자주 이야기하곤 했다. 우리 집에 처음 온 막내는 열두 살이었다. 그전까지 그는 열두 곳이 넘는 가정을 전전했다. 힘든 삶이었고, 그 안에서 생긴 습관들도 뿌리 깊었다. 새로운 가족을 신뢰하지 못했고, 받아들이는 데도 시간이 오래 걸렸다. 그 과정에서 우리 가족은 많은 갈등을 겪었지만 결국 서로를 포기하지 않고 버텨 냈다.

이처럼 우리는 PPC를 통해 다양한 이야기들을 나눌 수 있다. 핵심은 첫 번째로 말하는 사람이 어느 정도의 깊이를 보여 주는가에 있다. 만약 자신이 진솔하게 이야기할 준비가 되어 있지 않다면 대신 마음을 열 수 있는 팀원에게 먼저 이야기를 부탁하는 것도 방법이다.

우리는 이 실천으로 팀 신뢰의 전환점을 만들어 내는 사례를 자주 목격해 왔다. 한 비영리단체에서 후원 책임자로 일하던 조셉은 조금은 무례하게 느껴지는 농담을 자주 했고, 팀 내 일부 구성원들은 그를 신뢰하지 않았다. 자기 방식대로 일하며 성과는 냈지만 독단적이라는 인식이 있었다. 그러던 어느 날 PPC 도중에 그는 아내의 건강 문제에 대해 매우 솔직하고 진심 어린 이야기를 나눴다. 감정이 깊이 묻어나는 고백이었다. 팀원들은 그의 이야기에 공감했고, 그의 스타일에 대한 인식도 달라졌다. 특히 조셉을 가장 못마땅하게 여기던 마케팅 책임자는 그 이후 조셉과의 관계를 더 깊게 쌓아 갔고, 심지어 조셉 아내의 치료에 중요한 역할을 한 의료 전문가들을 소개해 주기도 했다. 이처럼 PPC는 단순한 대화를 넘어 팀원 간 신뢰를 구축하고 진정한 관계를 형성하는 데 매우 효과적인 실천이다.

팀십 실천법 ❾ 신뢰 구축 저녁 모임

"당신을 지금의 당신으로 만든 가장 중요한 인생 경험은 무엇인가요?"

이 질문은 팀원들이 서로의 삶에서 결정적인 순간을 진술하게 나누도록 초대하는 말이다. 팀이 함께 이 질문을 나눌 때, 그 안에서 자연스럽게 취약함이 공유된다. 이 실천을 이끄는 사람이 리더라면, 반드시 스스로 먼저 솔직한 이야기를 나누는 것이 중요하다. 나는 어떤 자리에서는 책에 썼던 개인적인 이야기를 꺼낸다. 실직한 철강 노동자였던 아버지와 가정부로 일하시던 어머니 밑에서 자란 가난한 소년이었지만, 아버지가 교장 선생님을 설득한 덕분에 부유층 자녀들이 다니는 학교에 다닐 수 있었다는 이야기다. 이런 경험은 지금의 내가 되는 데 결정적인 역할을 했다. 신뢰 구축 저녁 모임에서 사용할 수 있는 질문 예시는 다음과 같다.

1. 지금의 나를 만드는 데 가장 큰 영향을 준 과거의 경험은 무엇인가요?
2. 더 성장하고 도약하기 위해 지금 내려놓아야 할 것은 무엇인가요?
3. 개인적으로나 직업적으로 가장 큰 실수는 무엇이었고, 그 경험에서 어떤 교훈을 얻었나요?
4. 지금도 놓지 못하고 있는 감정이나 생각이 있다면 무엇인가요?
5. 내 인생에서 사과하거나 관계를 회복하고 싶은 사람이 있

다면 누구인가요?

6. 지금까지 배운 것 중 가장 뼈아팠던 교훈은 무엇인가요?

7. 죽기 전에 이루지 못할까 봐 두려운 일이 있다면 그것은 무엇인가요?

8. 팀원들이 아직 잘 모르지만 꼭 알아줬으면 하는 내 모습이 나 가치관이 있다면 어떤 건가요?

9. 개인적으로나 직업적으로 어떤 발자취를 남기고 싶나요?

좋은 저녁 모임을 위해서는 완전히 독립된 조용한 공간을 마련한다. 테이블에서는 모두가 서로의 얼굴을 보고 목소리를 잘 들을 수 있어야 한다. 신체적, 감정적으로 더 가까워질 수 있는 환경을 위해 의자 간격은 너무 멀지 않도록 하고, 팔걸이가 없는 의자와 시야를 가리는 큰 장식이 없는 테이블을 고른다. 이 자리는 아주 친밀한 분위기여야 한다. 서빙 직원에게는 자주 드나들지 말아 달라고 미리 부탁하고, 직원이 들어올 경우에는 이야기하던 사람이 잠시 멈췄다가 직원이 나간 뒤 다시 이어 가도 괜찮다고 모두에게 알려 준다. 누군가 눈물을 흘리더라도, 혹은 자신이 울게 되더라도 두려워하지 않는다.

신뢰 구축 저녁 모임은 단지 지금 무슨 일이 일어나고 있는지를 나누는 자리가 아니라 우리가 어떤 경험을 통해 여기까지 오게 되었는지, 그리고 앞으로 어디로 가고자 하는지를 진심으로 나누고 서로 깊이 이해하는 시간이다.

함께 더 높이

6개월 만에 피닉스DX는 완전히 달라졌다. 소프트웨어 개발 업계에서는 엔지니어나 기술 전문가들이 컴퓨터 뒤에 숨어 있는 것을 편하게 여기는 것이 일반적이다. 하지만 '희노애락 나누기'와 '개인/업무 상태 공유' 같은 팀십 실천법을 일관되게 실행하면서, 팀원들은 서로를 단순한 직책이나 역할이 아닌 한 명의 사람으로 보기 시작했다. 이는 팀 내 협력 방식과 상호 인식에 큰 변화를 가져왔다. 코칭을 시작할 때 진단 점수는 5점 만점에 2.4점이었지만 6개월 뒤 무려 4.7점까지 상승했다. 카릴료는 이렇게 말한다.

"지금은 팀 전체에 굉장히 긍정적인 분위기와 강한 유대감이 있습니다. 모두가 함께하고 있다는 연대감, 공동의 목표를 향한 주인의식이 조직 안에 살아 있습니다."

그는 미팅과 프로젝트 팀 안에 팀십 실천법을 일상처럼 녹여낸 것이 이러한 결과를 만든 핵심이라고 덧붙였다. 소프트웨어 전달팀과 개발자들은 이제 고객사의 핵심 미션 프로젝트를 함께 도전하는 것을 즐긴다. 매 프로젝트는 단지 업무가 아니라 자신들의 전문성과 역량을 성장시킬 수 있는 기회로 여긴다. (동료 간 성장Peer-to-Peer Development 문화에 대해서는 10장에서 자세히 살펴볼 것이다.)

"컨설팅과 전달 부문에는 명확한 성장 마인드셋이 자리 잡았습니다. 다양한 산업과 분야, 고객의 사고방식과 기술 성숙도를 고려해야 하기 때문에 상황에 따라 끊임없이 적응해야 하거든요. 우리는 그에 맞춰 다양한 협업 방식을 설계하고, 실제로 고객과의 연결을 유연하게 맞추는 능력을 중요하게 여깁니다."

그렇다면 완전한 솔직함은 어떨까? 깊은 팀 유대는 이전이라면 나누기 어려웠던 솔직한 대화를 가능하게 했다. 개발자들은 깨달았다. 비즈니스 성공에 있어 솔직함은 필수이며, 그것은 누군가의 영역을 침해하는 것이 아니라 팀 전체가 더 나아지기 위해 반드시 필요한 진실을 말하는 행위라는 것을.

이러한 팀십 실천법들을 의도적으로 도입한 이후 피닉스DX는 빠른 성장을 지속할 수 있었다. 그뿐 아니라 지금은 호주에서 '일하고 싶은 최고의 기업' 중 하나로 꼽히고 있으며, 연간 이직률은 업계 평균 20~25%에 비해 매우 낮은 4% 수준이다. 그만큼 인재가 머무르고 싶은 조직이 된 것이다.

공동 창립자인 카릴료와 마르틴은 지금의 조직 문화를 '용병이 아니라 사명감을 가진 사람들missionaries, not mercenaries'이라고 표현한다. 그 중심에는 신뢰가 자리 잡고 있다. 카릴료는 이렇게 말한다. "우리는 구성원들이 옳은 일을 할 거라는 신뢰를 가지고 있어요. 우리는 그들을 믿고, 그들도 우리를 믿죠."

이것이 바로 '함께 더 높이 올라가는 성장'의 실천이며, 그 출발점은 의도적인 팀 유대감의 형성이었다.

난관을 뚫고 다시 세운 팀

이 책 전반에서 우리는 변화와 성장을 위한 도전, 즉 의미 있는 도전에 대해 이야기해 왔다. 하지만 조직은 때때로 단순한 도전이 아닌, 인간적인 차원에서 참혹한 결과를 낳은 위기를 마주하게 된다. 그리고 그 순간은 팀십의 본질에 대한 근본적인 질문을 던지게 한다.

미국 캘리포니아의 대표적인 에너지 기업인 퍼시픽 가스 앤 일렉트릭Pacific Gas & Electric, PG&E이 그러한 사례다. PG&E는 2018년 북부 캘리포니아의 작은 마을 파라다이스를 집어삼킨 초대형 산불로 인해 커뮤니티 전체가 붕괴되고 85명이 목숨을 잃는 비극을 초래했다.* 이 화재는 숲속에 세워진, 거의 100년 된 송전탑에서 고압 송전선이 끊어지며 발생했다. PG&E는 이 사고에서 과실치사 84건에 대해 유죄를 인정했고, 피해자들과 가족, 주정부 및 지방자치단체, 보험사와 총 135억 달러(약 18조 원) 규모의 합의를 맺었다. 결국 2019년 파산을 선언했고, 이듬해에야 파산 절차를 마무리할 수 있었다.

이 조직을 다시 세우기 위해 2021년 CEO로 영입된 인물은 에너지 업계 베테랑인 패티 포피Patti Poppe였다. 그녀는 취임과 동시에 대담한 약속을 내걸었다. 산불의 재발을 막기 위해 1만 마일(약 1만 6천 킬로미터)에 달하는 전선을 지하로 매설하겠다는 계획이었다. 하지만 포피는 외부적 변화를 주는 것에서 멈추지 않았다. 그녀는 조직 내에서 '사랑으로 이끈다'는 철학을 실천하겠다고 선언했다. 즉, PG&E의 조직 문화를 사람, 공감, 관계 중심으로 재편하겠다는 결심이었다.

취임 첫 주, 그녀는 새롭게 구성된 경영진을 오클랜드의 클레어몬트 호텔로 초청해 첫 워크숍을 열었다. 여기에서 팀원들은 각자의 인생을 하천으로 비유하며 삶의 전환점이 되었던 사건들

• 이 사건은 불이 처음 시작된 도로명인 '캠프 크리크 로드Camp Creek Road'에서 이름을 따 '캠프 파이어Camp Fire'로 불린다.

을 공유했다. "그때 처음 만난 사이였지만 모두가 진심을 꺼내 놓았습니다. 우리는 망가진 회사를 되살려야 했고, 그 여정을 함께 시작해야 했죠. 누군가는 눈물을 흘리며 이야기를 했고, 우리는 즉각 서로의 마음속으로 들어갔습니다." 포피의 회고다.

캠프 파이어 참사 당시 PG&E에 몸담고 있던 인물은 그 자리에 단 세 명뿐이었다. 그들은 그 사건이 조직에 어떤 충격을 주었는지, 당시 파라다이스 마을의 상황과 911 녹음까지 들어야 했던 경험을 공유했고, 왜 지금도 이 조직에 남아 있는지를 이야기했다. 그들에게는 이 회사를 안에서부터 바로잡아야 한다는 사명감이 있었다.

이렇게 시작된 유대 관계에 대한 투자는 팀의 결속력을 끌어올렸고, 동료 간의 공감대를 형성하는 데 결정적인 기초가 되었다. 이는 단발성 이벤트에 그치지 않았다. 포피는 '사랑으로 이끈다'는 철학을 실천 가능한 시스템으로 만들었다. PG&E는 정기적으로 '팀 친밀도'를 측정하며 관계의 질을 점검한다. 그녀는 말한다. "서로 간의 애정, 즉 동료를 진심으로 아끼는 감정은 탁월한 성과를 가능케 합니다. 사람들은 그 안에서 사랑받고 있다는 느낌, 안전하다는 감각을 느낍니다. 그래서 도전할 수 있고, 실패도 감수하며 함께 성공을 이루게 됩니다."

이러한 친밀도는 단순히 감정에서 그치는 것이 아니라 실제 업무 성과에 직결된다. 포피의 경영진은 매달 두 번째, 네 번째 목요일을 관계와 소통에 집중하는 시간으로 확보해 운영한다. "그 시간은 더 깊은 대화를 나누는 시간입니다. 각자의 삶에서 무슨 일이 일어나고 있는지, 어디에 도움이 필요한지, 어떻게 지내고 있는지, 어떤 성취를 이루었는지를 나눕니다."

절망에서 회복으로

새로운 경영진이 구성된 이후 PG&E는 화재 위험을 줄이기 위한 기술 및 인프라에 230억 달러 이상을 투자했다. 여기에는 AI 기반 카메라와 드론, 신규 위험 감시 시스템, 2023년에 실시한 600마일(약 965킬로미터) 이상의 지중 송전선 설치 등이 포함된다.

이 이야기는 한 조직이 절망에서 회복으로 어떻게 전환할 수 있는지 보여 주는 사례다. "우리가 과거에 머무를 필요 없다는 믿음, 완전히 다른 무언가가 될 수 있다는 믿음을 만들어 가는 과정이에요." 이것은 의도적인 관계 맺기의 이야기이자, 동시에 다음 장의 주제인 팀 회복탄력성으로 나아가는 초대이기도 하다.

5장

흔들리지 않는
팀을 만드는 회복탄력성

핵심 행동 수칙:

_____

우리는 서로를 북돋운다.

"팀 회복탄력성에는 일종의 마법 같은 비결이 있습니다."

시스코CISCO의 최고인사·정책·목적책임자인 프랜신 카추다스Francine Katsoudas의 말이다. 그 비결이란 팀 구성원 모두가 서로의 기쁨과 어려움을 공유하는 것이다. 다시 말해, 회복탄력성을 개인의 책임으로만 여기던 태도에서 벗어나 팀 차원에서 함께 지탱하고 돌보는 문화로 전환하는 것이다. 나는 프랜신 카추다스와 시스코의 CEO 척 로빈스Chuck Robbins를 만나 시스코가 어떻게 팀 회복탄력성을 구축했는지 물었다. 그들은 팀이 함께 일하는 방식 전반에 걸쳐 회복탄력성을 조직적으로 키워 가는 다양한 실천 사례들을 들려주었다.

시스코 팀에서 회복탄력성은 '팀 내에서 서로를 더 잘 알아차리는 것'에서 출발한다. 예컨대 어떤 동료가 화상회의에서 유독 자주 카메라를 끄거나 회의 중 발언이나 기여도가 현저히 떨어진다면 그건 일종의 경고 신호다. 이런 신호를 민감하게 읽고 서로의 상태를 살피는 일이 팀 문화의 일부가 되어야 한다는 것이다. 그리고 정기적으로 서로의 안녕과 정신적 회복력을 점검하고 돌보는 공식적인 실천 방식들도 존재한다(이 장의 팀십 실천법에서 자세히 소개할 것이다).

카추다스와 로빈스가 들려준 사례들을 관통하는 공통된 메시지는 다음과 같다. 회복탄력성이란 결국 팀 전체가 '일에 대한 에너지'와 '서로를 지지하려는 의지'를 얼마나 지속적으로 유지할 수 있는가에 달려 있다는 것이다. 이를 위해서는 다음과 같은 인식 전환이 필요하다. '모두 각자 짊어지고 있는 짐이 많으니, 내 스트레스를 굳이 나누지 않는 게 배려일 거야'라는 관습적 사고에서 벗어나 이제는 이렇게 말해야 한다. "지금 우리가 해야 할 일은 서로를 지탱하고 북돋는 일이다. 함께 어려움을 버티고 나아가는 것이 우리 팀의 약속이다." 이것이 바로 동반 성장이라는 신념이다.

흔들리던 팀이
서로를 일으켜 세운 방식

구조조정의 여파 이후, 한때 성과와 자부심으로 빛나던 100명 이상의 영업팀은 10명 남짓으로 줄어들었다. 남은 이들에게는 몇 개 주를 아우르는 훨씬 더 넓은 영업 구역이 주어졌고, 수년간 쌓아 온 대면 중심의 신뢰 기반 영업 방식 대신 원격 중심의 비대면 고객 관리 방식으로 전환하라는 요구가 내려졌다. 이 팀은 오랜 시간 발로 뛰며 고객과의 관계를 쌓아 왔고, 그 과정을 통해 시장에서의 차별성을 확보해 왔다. 그런 그들에게 이 변화는 단지 영업 방식의 변화가 아니라 정체성과 성공 공식을 완전히 바꾸라는 요구처럼 다가왔다.

클라이언트와의 관계도 문제였다. "우리는 버림받았다고 느꼈어요. 마치 회사가 더는 영업 조직의 성공에 관심이 없는 것 같았어요." 팀원 말리는 그렇게 말했다. 불과 1년 전만 해도 자신은 조직에서 촉망받는 인재라고 믿고 있었다. "완전히 예기치 못한 일이었어요."

모든 게 예전보다 열 배는 더 어려워진 듯한 느낌이 들 정도로 팀 내에는 극심한 스트레스가 퍼져 있었다. 그중에서도 가장 어려웠던 것은 오랜 기간 대면 중심의 관계를 맺어 온 기존 고객의 기대치를 관리하는 일이었다. 영업팀이 기억하기로는, 처음으로 목표치인 5% 성장률을 달성하지 못할 위기에 놓여 있었다.

"이전 경영진은 항상 이런 식이었어요. '그래그래, 불만은 알겠고, 이제 매출 목표 달성하자고.'" 새로 구성된 사업부를 맡게 된 자라는 이렇게 말했다. "하지만 서로의 이야기를 듣고, 상처를 치유하고, 다시 하나의 승리하는 문화로 함께 나아가기 전까지는 이 팀이 정상적으로 돌아갈 수 없다는 걸 직감했어요. 서로가 서로의 버팀목이 되는 문화를 만들어야 했죠."

자라는 팀 내에서 동료들끼리 실질적인 문제를 나누고 해결할 수 있도록 동료 간Peer to Peer 포럼을 만들었다. "단순히 불만을 표현하는 자리가 아니라 생산적인 방식으로 목소리를 낼 수 있는 자리였어요. 덕분에 작지만 실제적인 성과를 기록하기 시작했고, 그 성과가 팀 전체의 에너지를 끌어올렸죠."

자라의 목표는 부정적 악순환에서 벗어나 서로의 긍정적인 흐름을 책임지는 회복탄력성 있는 조직으로 전환하는 것이었다. 초기에는 자라가 회의마다 문제 해결에 집중하도록 분위기를 이끌고, 건설적이고 미래 지향적인 태도를 유지하도록 격려하는 역할에 집중했다. 그런데 곧 영업팀이 스스로 주도권을 잡았다. 팀원들은 각자가 당면한 기술적, 물류적, 서비스적 문제 등을 중심으로 워크숍 아젠다를 구성했고, 원격 환경에서도 고객 관계를 효과적으로 구축할 수 있는 노하우까지 공유하는 '관계 구축 마스터클래스'를 만들어 나갔다.

하지만 이 팀은 실무적인 문제 해결 이상을 해냈다. 앞서 소개한 팀십 실천법을 적극적으로 적용하며 팀원 간의 신뢰와 유대를 다져 갔다. 자라는 이렇게 말했다. "우리 모두가 서로를 진심으로 돌본다면, 이번 전환은 단순히 성공하는 데서 그치지 않고 그 여정 자체가 더 기쁘고 의미 있게 될 거예요."

그리고 그 말은 현실이 되었다. 한 팀원은 이렇게 회상했다. "어떤 팀원이 병가를 내야 했는데 모두 이미 업무 과부하 상태였어요. 하지만 누군가가 대신 고객을 챙기겠다고 먼저 나섰습니다. 그렇게 우리가 진짜 서로를 위해 뛸 수 있다는 걸 확인할 수 있었어요. 역할이 커져서 어려웠지만, 우리는 서로를 위한 에너지를 내기 시작했죠."

자녀 병간호로 휴식이 필요한 팀원을 위해 나머지 팀원들이 나서 주기도 했고, 사람 수는 줄었지만 더 많은 일을 해내며 오히려 팀의 결속과 에너지를 키워 갔다. 예전엔 사무실에서 마주치며 주고받았던 격려가 이제는 전화, 영상통화, 문자 메시지로 이어졌다. 무엇보다 중요한 건 '어느 누구도 혼자 고군분투하게 두지 말자'는 원칙이었다.

결과는 어땠을까? 5% 성장률? 그들은 그걸 두 배로 뛰어넘었다. 무려 10% 성장이라는 성과를 만들어 낸 것이다.

팀 회복탄력성은 공동의 과제

팀 회복탄력성에 대한 헌신은 대부분의 조직에서 좀처럼 찾아보기 어렵다. 코로나19 팬데믹 이전까지만 해도 우리 조사에 따르면 팀원 중 단 14%만이 서로의 에너지를 북돋우고 정신적 안녕을 함께 걸머지는 '집단적 책임감'을 느낀다고 답했다. 오늘날에도 여전히 많은 조직이 회복탄력성을 개인의 책임으로만 간주한다.

미국의 조직 심리 기반 디지털 코칭 기업인 베터업BetterUp의 조사에 따르면 직무 스트레스는 전체 근로자의 65% 이상에게 정신 건강에 부정적인 영향을 미치고 있으며, 업무 압박으로 고통받는 이들도 60%에 이른다. 하지만 이처럼 명확한 문제들이 오랫동안 단순히 '나약한 개인'의 문제로 치부되어 온 것이 사실이다. 리더가 팀의 회복탄력성에 위협이 되는 신호를 포착할 수 있는 명확한 진단 기준이 몇 가지 있다. 예를 들어 KPI나 OKR 같은 성과 지표는 문제가 발생하고 있다는 초기 신호일 수 있다. 또 다른 예로 팀이 문제 해결을 위해 협업하고 있는가, 아니면 제자리에서 시간을 허비하고 있는가 역시 중요한 진단 기준이 된다.

팬데믹은 정신 건강이 생산성과 그 외 다양한 긍정적 비즈니스 성과에 얼마나 핵심적인 요소인지를 조직이 다시 생각하게 만든 계기였다. 신체 건강 위기가 일단락된 이후에도 정신적 회복력에 대한 교훈은 여전히 유효하다. 우리는 이제 알고 있다. 기업이 정신 건강을 지원하기 위해 1달러를 투자하면, 생산성 향상과 결근 감소를 통해 4달러의 가치를 회수할 수 있다는 사실을. 팬데믹 기간 동안 동료와 리더가 서로의 고충과 정신적 어려움을 솔직하게 나누는 모습을 우리는 여러 차례 목격했다. 이 사례는 우리가 과거의 업무 방식으로 돌아가서는 안 된다는 점을 잘 보여 준다.

팬데믹 당시 많은 조직에서 경험한 것처럼, 동료와 리더가 각자의 어려움을 솔직하게 나누고 정신적 고충을 드러내는 시간은 우리가 놓치지 말아야 할 중요한 기회였다. 지금 필요한 것은 그 시기의 '공감의 문화'를 다시 기억하고, 부끄러움을 덜어 내며, 서로를 돌보는 새로운 일의 방식으로 나아가는 것이다. 세계적 수준의 팀은 회복탄력성을 지속적으로 유지하는 반면 평균적인 조직은 유연근무제를 두고 갈등하거나 점점 커지는 불신 속에서 헤매고 있다. 회복탄력성은 개인의 역량이 아니라 팀이 함께 훈련해야 할 능력이다. 그것을 끌어내는 것은 팀의 책임이다. 증상이 만성화되기 전에 팀이 서로를 끌어올려야 한다.

팀십 실천법

진단을 마치고 핵심 행동 수칙을 설정한 뒤 개인의 회복탄력성에서 팀 회복탄력성으로 전환하기 위해 다음의 2가지 팀십 실천법을 적용할 수 있다.

1. **에너지 체크인** Energy Check-in
   팀 회의를 시작할 때 구성원 각자가 현재의 컨디션을 숫자로 표현하게 하는 일상적인 체크 방법이다.
2. **회복탄력성 스팟 점검** Resilience Spot Check
   매달 한 차례씩 회복탄력성을 저해하는 주요 요인들을 중심으로 팀의 전반적인 상태를 점검한다.

팀 회복탄력성 진단

1단계: 팀 회복탄력성에 대한 논의

팀원들은 서로가 어디에서 어려움을 겪고 있는지 알고 있을까? 그리고 동반 성장의 정신에 따라 서로에게 진심으로 관심을 갖고 함께 책임을 나누고자 하는 의식을 갖고 있을까? 이 질문은 단순하지만 본질적이다. 당신은 알고 있는가? 관심을 갖고 있는가? 그리고 행동하는가? 대부분은 이 질문에 '아니요'라고 답한다. 동료의 정신적 상태나 에너지 수준은 개인 사정이며, 내가 관여할 일이 아니라고 여긴다. 혹은 그것은 인사팀의 영역이라고 치부한다.

우리의 데이터에 따르면 일반적인 팀의 회복탄력성 평균 점수는 5점 만점에 1.9점에 불과하다. 반면 세계적인 수준의 팀은 4.5점을 기록한다. 대부분의 팀은 회복탄력성은 개인 책임이라는 낡은 믿음에서 출발한다. 하지만 이 진단은 그러한 인식을 깨고 회복탄력성은 동료 간의 공동 과제이며 팀 차원의 책임임을 함께 인식하게 만드는 대화의 시작점이 된다.

2단계: 진단 질문

모든 팀원은 다음 질문에 대해 1점에서 5점까지 점수를 매긴다.

> **1** 전혀 그렇지 않다 **2** 그렇지 않다 **3** 보통이다 **4** 그렇다 **5** 매우 그렇다

⋯➛ 모든 팀원은 서로의 에너지를 끌어올리는 데 책임감을 느끼고 있는가?

이 설문은 팀의 신뢰를 받는 중립적인 구성원이 주관해야 하며, 각자의 응답은 익명으로 수집한다. 온라인 설문 도구를 사용하거나 페라지 그린라이트 웹사이트에 있는 진단 도구를 활용할 수 있다.

핵심 행동 수칙과 실행 점검 미팅

팀 회복탄력성 관점에서의 팀 행동에 대한 간단한 핵심 행동 수칙은 다음과 같다. "우리는 서로를 북돋운다." 이러한 전환을 실천한 지 한 달 정도가 지난 시점에서, 또는 그 이후에도 정기적으로 실행 점검 미팅을 진행하는 것은 중요하다. 이 시간을 통해 팀 내에서 무엇이 어긋났는지 점검하고 새롭게 약속한 행동 원칙이 실제로 지켜지고 있는지, 팀십 실천법들이 실행되고 있는지 검토할 수 있다.

팀십 실천법 ❿ 에너지 체크인

"서로를 북돋기 위해서는 지금 내가 어디에 있는지부터 알아야 한다." 카추다스는 이렇게 말한다. 이 말은 '에너지 체크인'이라 불리는 단순하지만 효과적인 실천의 일부다. 우리는 팀 미팅이 시작될 때 이렇게 묻는다. "오늘 당신의 에너지는 0점에서 5점 사이에서 몇 점인가요? 그리고 그 이유는 무엇인가요?" 0점은

"완전히 바닥입니다", 5점은 "무지개 위를 유니콘과 함께 날아다니는 기분이에요"를 의미한다.

이 실천은 팀 구성원이 서로에게 지금 어떤 어려움을 겪고 있는지 솔직하고 안전하게 나눌 수 있는 정기적인 시간을 만들어 준다. 단순히 복도나 구내식당에서 우연히 마주쳐 안부를 묻는 것에 의존하는 것이 아니라 심리적 안전망을 의도적으로 마련하는 것이다. 이 루틴을 통해 서로의 상태에 대한 관심은 특정 친분 관계에 기대는 것이 아니라 팀 전체의 책임이 된다. 또한 서로를 돌보는 것이 우리의 공동 책임이라는 새로운 관계 규약과 함께 이 실천이 이루어질 때 팀 전체가 공감대를 형성하고 서로를 지지하며, 누가 어떤 상태에 있는지 투명하게 공유할 수 있는 분위기가 만들어진다.

이 과정은 보통 5~10분이면 충분하다. 하지만 그 짧은 시간이 힘든 시기를 겪고 있는 사람들—일에서든 개인 삶에서든—을 지탱하는 안전망 역할을 해 준다. 때로는 탈진 직전에 있는 팀원에게 짐을 덜어 주는 계기가 되기도 한다. 새로운 관계 규약, 즉 서로를 지지한다는 팀의 약속과 '에너지 체크인' 실천은 최초 진단 당시보다 팀의 공감 점수와 관계 만족도를 확연히 높여 주는 변화로 이어진다. 팀원 각자가 서로의 상태를 살피고 확인하는 일을 맡게 되면 리더 한 명에게 맡겨졌던 책임이 팀 전체가 서로의 에너지와 안녕을 돌보는 일로 분산된다.

에너지에 숫자를 매기는 데에도 의미가 있다. 카추다스는 다음과 같은 예를 든다. 시스코의 직원 중 한 사람인 팀은 에너지 체크인에서 5점을 찍는 날이 거의 없다. 늘 3점 정도로 살아간다. 이는 위험 신호처럼 보일 수도 있지만 카추다스는 말한다. "팀의 평소 컨디션이 3점이라는 걸 알면 그가 억지로 5점인 척할 필요 없이 자기답게 있을 수 있는 공간이 생겨요. 에너지가 5점이라고 말하는 사람도 많죠. 그런데 늘 3점이던 팀이 어느 날 4점이라고 하면 우리는 그걸 함께 축하해요."

시스코의 사례는 많은 리더들이 측정조차 어렵다고 여겼던 '팀의 에너지 수준'을 실제로 추적하고 관리할 수 있다는 것을 보여 준다. 매주 에너지 체크인으로 에너지 수준을 간단히 기록하는 것만으로도 팀의 웰빙 상태를 파악할 수 있는 기준선이 생긴다. 동시에 이것은 팀의 회복탄력성을 보여 주는 지표가 된다. 이 에너지 체크인을 공개된 자리에서 공유할 경우 누군가의 점수가 평소보다 떨어졌을 때는 서로 간의 지지 행동으로 이어지고, 평소보다 높은 점수를 기록했을 때는 8장에서 다룰 '축하의 문화'로 연결되는 기폭제가 되는 것이다.

팀십 실천법 ⑪ 회복탄력성 스팟 점검

베터업의 최고혁신책임자이자 베터업 랩스의 리더인 가브리엘라 로젠 켈러만Gabriella Rosen Kellerman 박사와의 여러 대화는 다음의 팀십 실천법을 고안하는 데 큰 영감을 주었다. 그녀는 심리학자이자 교육자인 마틴 셀리그먼Martin Seligman 박사와 함께《프리즘Tomorrowmind》이라는 책을 공동 저술한 인물이기도 하다. 그 대화들을 계기로 팀의 상태와 행동을 함께 점검하는 월간 팀십 실천법을 만들었다. 지금 우리 팀의 회복탄력성 상태와 그것이 우리의 행동에 어떤 영향을 미치고 있는지 함께 점검하는 방식이다. 매달 아래 항목 중 하나를 선택해 팀원 각자가 0점(매우 낮음)부터 5점(매우 높음)까지 점수를 매긴다. 점검은 하나의 질문으로 충분하다.

1. **"나는 새로운 아이디어를 잘 따라가고 있다고 느끼는가?"**

   개인적으로 나는 새로운 개념을 빠르게 이해하고 유행보다 한 발 앞서 나가는 감각에 자신이 있다. 그러나 동시에 이것이 약점이 되기도 한다. 스트레스가 높아질수록 다른 사람들과 함께 속도를 맞춰 가는 노력이 부족해지는 것이다. 이 질문은 팀원 각자의 현재 상태를 점검하는 데 유용하다.

2. **"나는 지금 내가 하고 있는 일이 의미 있다고 느끼는가?"**

연구에 따르면 목적의식은 종이에 써 붙인 미션 문장을 넘어서야 한다. 중요한 것은 바로 내가 이 일을 해야 한다는 당위성과 연결된 의미다. 그리고 그 일이 단순히 수익을 위한 것이 아니라 조직 내부에서 자연스럽게 형성된 공동체적 목적을 띠고 있다면 더욱 좋다. 팀원들과 이런 주제를 얼마나 자주 이야기하고 있는가?

3. **"나는 내 업무 영역에서 흐름보다 앞서 있다고 느끼는가?"**

이는 미래 예측력과 선제적 기획 역량에 대한 점검이다. 요즘처럼 불확실성이 큰 환경에서는 특히 중요하다. 만약 '아니요'라는 대답이 나온다면, 팀이 함께 도울 수 있는 방법은 무엇일까? 나는 전작 《새로운 일의 세계에서 경쟁하기》에서 예측력 개발을 팀 전체의 과업으로 보고, 이를 위한 실천 기법을 소개한 바 있다.

4. **"나는 지금도 팀의 목소리에 귀 기울이고 있는가?"**

4장에서 살펴본 것처럼 탄탄한 관계는 조직의 성장을 위해 반드시 필요하다. 우리는 여전히 서로의 이야기에 집중하고 있는가, 아니면 지시 중심의 사고로 후퇴하고 있는가? 이런 질문은 '에너지 체크인'처럼 회복탄력성의 상승 또는 저하 요인을 다각도로 파악하게 돕는다.

이 질문들은 단순한 설문 그 이상이다. 팀 내부의 도전 과제, 저해 요인, 새로운 기회를 드러내는 시작점이 된다. 질문을 던지고 나면 자연스럽게 실마리가 생긴다. 이 실마리는 다음 장에서 다룰 '협업적 문제 해결'의 질문이 될 수 있고, 이후 팀원들과 함께 '아이디어 검증 훈련'을 통해 다듬어 갈 수도 있다.

핵심은 우리가 알고 있는 회복탄력성의 핵심 요인 중 어디서 균열이 생기고 있는지를 자각하고, 팀이 이를 개선하기 위한 논의를 이끌어 가는 데 있다. 필요하다면 자발적으로 나서서 이 일을 추진하고 행동에 옮길 사람을 정하는 것도 좋은 방식이다.

웰빙의 엔진이 되는 일터

비벡 머시Vivek Murthy 미 해군 중장 겸 미국 공중보건국장은 〈직장 내 정신 건강과 웰빙을 위한 프레임워크〉 서문에 이렇게 썼다. "우리는 일터를 정신 건강과 웰빙의 엔진으로 만들 수 있는 힘을 가지고 있습니다."

그는 우리 모두에게 '위기의 순간'을 '진보의 순간'으로 전환할 것을 촉구한다. 그리고 이렇게 덧붙인다. "이를 위해서는 조직이 근본적으로 사고방식을 바꿔야 합니다. 조직은 근로자를 해

악으로부터 보호하고, 구성원 간 연결감을 키우며, 그들의 존재 자체가 중요하다는 것을 보여 주고, 일 외의 삶을 위한 여유를 마련하고, 장기적인 직업 성장까지도 지원할 수 있어야 합니다."

지금 우리는 이전보다 훨씬 더 외롭고 단절되어 있으며 지쳐 있다. 그렇기 때문에 팀십의 가치와 조직 운영 방식의 10가지 전환, 그리고 우리가 일하는 방식을 다시 설계하는 일이 그 어느 때보다 중요하고 절실한 것이다.

6장

경계 없는 협업을 위한
폭넓은 연결

우리는 대담한 혁신을 위해
폭넓게 협력한다.
우리는 협업의 질을 높이기 위해
기술을 적극 활용한다.

매트 뮬렌웨그Matt Mullenweg가 노트북을 열어 보여 준 것은 오늘날 가장 혁신적인 상위 15% 기업만이 제대로 이해하고 실천하는 협업의 새로운 설계 방식이었다. 그 외의 조직들은 아직 눈도 뜨지 못한 채 구시대적 방식에 머물러 있다.

우리가 살고 있는 이 불확실하고 급변하는 시대는 그 어느 때보다 대담한 아이디어와 거대한 사고의 전환을 요구한다. 우리는 이제 전통적인 위계 중심의 조직도가 아닌 느슨하지만 강하게 연결된 네트워크형 구조 속에서 일하고 있으며, 그에 따라 부서 간 장벽을 넘어서는 협업이 필요하다. 협업의 폭을 넓히고, 고립된 사고에서 벗어나 새로운 시너지를 창출해야 할 때다.

우리는 더 빠르게, 더 유연하게 일해야 한다. 국경과 시간대를 넘어 유기적으로 협업할 수 있어야 한다. 그러나 기억해야 할 것이 있다. 회의는 협업이 아니다. 매트 뮬렌웨그는 이 사실을 아는 수준을 넘어 그의 조직 전체를 이와 같은 협업 원리에 따라 운영하고 있다.

샌프란시스코에서 열린 리드 호프먼Reid Hoffman의 '마스터스 오브 스케일 서밋Masters of Scale Summit' 강연 이후 나는 워드프레스의 공동 개발자이자 오토매틱Automattic의 창립자 겸 CEO인 매트 뮬렌웨그와 대화를 나눴다. 그는 즉석에서 자신의 팀이 어떻게 협업하고 혁신하는지를 온라인으로 보여 주었다. "이걸 저는 조직형 블록체인이라고 부릅니다." 그가 직접 만든 협업 및 워크플로 시스템을 가리키며 설명했다. "우리는 이 시스템을 14년 넘게 사용하고 있어요. 주요 의사결정은 물론 디자인과 버튼 하나, 가격 정책 변경까지 우리가 나눈 모든 토론과 결정이 이 안에 영구 기록되어 있습니다."

그가 보여 준 것은 단순한 협업 도구가 아니라 아이디어를 공유하고 비판하며 외부의 더 넓은 조직으로부터 과감한 생각을 끌어내는 새로운 협업의 방식이었다. 화면은 블로그나 소셜 미디어 피드처럼 직관적이었고 영상, 이미지, 링크, GIF까지 포함된 형식이었다. 열아홉 살에 작성한 코드로 웹과 세상을 바꾼 그는 지금도 기술을 통해 일하는 방식을 근본적으로 재설계하고 있다.

그의 회사에는 93개국 이상에 흩어져 일하는 1,900명의 직원이 있지만 물리적 본사는 없다. 그는 말한다. "우리는 웹 위에서, 웹을 위해 일하는 조직입니다." 협업 과정에서 발생한 모든 논의와 결정은 링크 하나로 남는다. "신입이 전 세계 어디에서 합류하더라도 우리가 여기까지 오게 된 모든 과정을 쉽게 확인할 수 있어요. 이건 회사가 존재하는 한 절대 변하지 않을 것입니다." 그래서 그는 이 시스템을 '조직의 블록체인'이라 부른다. 모든 구성원의 협업이 기록되고, 어떤 것도 잊히거나 낭비되지 않는다.

팬데믹 기간 동안 하룻밤 사이 사무실 근무에서 원격 근무로 전환되는 역사상 가장 급격한 변곡점에서 전 세계 2,000개 이상의 팀을 연구한 우리는 일하는 방식에도 대규모 혁신이 있을 것이라 예상했다. 우리는 데이터를 바탕으로 '글로벌 디지털 전환 역량 지수'를 만들었다. 1단계는 기본적인 디지털 도구조차 제대로 활용하지 못하는 팀이고, 5단계는 이른바 '디지털 드림팀'이다. 결과는 기대에 못 미쳤다. 앞서 언급했듯 일하는 방식을 진지하게 재설계한 팀은 15%에 불과했다. 대다수 팀은 1~2단계에 머물렀고, 단지 회의실에서 하던 회의를 그대로 줌Zoom으로 옮긴 정도에 만족하고 있었다. 회의의 형식만 디지털로 바뀌었을 뿐 협업 방식은 예전 그대로였다.

반면 4~5단계에 속한 팀들은 디지털 도구를 최대한 활용해 전통적인 회의 기반 협업의 한계를 넘어 커뮤니케이션, 프로젝트 관리, 지식 관리의 효율을 높이고 있었다. 드롭박스의 CEO 드류 휴스턴, 교육 스타트업 길드 에듀케이션Guild Education의 레이철 로머Rachel Romer, 그리고 퓰렌웨그 같은 리더들은 이 전환점을 일의 방식을 재설계하는 기회로 삼았다.

이들은 단순히 회의 버튼을 켜고 끄는 기술을 익히는 데서 멈추지 않았다. 반면 대부분의 조직은 줌 회의에 익숙해졌다는 것만으로 디지털 혁신을 이뤘다고 착각하고 있었다. 하지만 디지털 전환의 본질은 회의실을 옮기는 것이 아니라 협업의 본질을 바꾸는 데 있다. 그리고 그 변화는 지금부터 시작이다.

일하는 방식 재설계의 세 번째 물결

우리는 지금 일의 방식을 재설계하는 '세 번째 물결'의 국면에 있다. 최근의 업무 방식 변화 가운데 의미 있는 전환들은 대부분 엔지니어들로부터 시작되었다. 첫 번째 물결은 1980~90년대

'전사적 품질경영'과 '식스 시그마'였다. 이는 제조업 분야의 엔지니어들이 해외 경쟁의 압박 속에서 품질 향상을 위해 고안한 방식이었다. 두 번째 물결은 2000년대 초반, 애자일 소프트웨어 개발 방식의 등장이었다. 소프트웨어 수요가 개발 역량을 앞질렀고, 그에 따라 완전히 새로운 업무 시스템이 필요해졌기 때문이다.

그렇다면 사무직의 업무 방식을 근본적으로 바꿔야 하는 이 시점에서는 누가 이런 혁신적 재설계를 주도하고 있을까? 최고 정보책임자들은 새로운 협업 기술을 도입하는 데는 적극적이었지만, 그 기술을 완전히 활용하고 정착시키는 데까지 책임을 다하지 않았다. 팬데믹 이후 전 세계가 사무실 복귀 여부를 두고 논쟁할 때조차 우리는 이 문제를 HR 정책 관점에서만 다뤘을 뿐, 일의 방식이나 협업 시스템을 근본적으로 재고하려는 시도는 드물었다.

앞서 확인한 것처럼 진정한 팀십은 동반 성장의 행동과 실천, 그리고 새로운 협업 프로세스와 도구의 결합에서 완성된다. 이 장과 다음 장에서는 새로운 팀십의 프로세스와 도구들을 구체적으로 다룬다. 그러나 기술 기업이 아닌 대다수 회사에서는 뮬렌웨그, 드류 휴스턴, 레이철 로머와 같이 파격적인 비즈니스 모델을 설계하는 것을 진지하게 고민하는 리더를 찾기 어렵다. 이 책을 집필하는 시점까지도 뛰어난 경영자들의 시선이 아직 이 과제로 향하지 않았다. 이 안에 잠재된 엄청난 기회를 보지 못하고 있는지도 모른다. 하지만 우리의 미션은 분명하다. 예전 방식의 일터로 돌아가는 대신 새로운 방식의 일터를 향해 나아가는 것─다시 출근하는 것이 아니라 앞으로 나아가는 것이다.

더 유연한 협업으로의 전환

매트 뮬렌웨그가 보여 준 것은 4가지 측면에서 완전히 탈바꿈한 일의 방식이었다.

1. 팀십은 전통적인 조직도의 경계를 넘는다.

팀십은 사일로처럼 분절된 조직 구성을 따르지 않는다. 대담한 아이디어에 빠르게 도달하기 위해서는 누구든 포함하는 방식이다. 이 장에서 우리가 던지는 질문은 "당신의 팀은 누구인가?"다. 오늘날 우리는 회사 안팎의 광범위한 글로벌 네트워크 속에서 일하고 있기 때문에 팀의 개념 자체를 새롭게 정의하고, 조직도에 얽매이지 않는 협업 방식을 받아들여야 한다. 이 질문에 대한 해답 중 하나는 뒤에서

혼자 리드하지 마라

소개할 '확장된 팀 구성'과 '관계 실행 계획Relationship Action Plan, RAP'이라는 팀십 실천법이다. 이는 우리가 성공하기 위해 곁에 두어야 할 사람들, 통찰, 전문성을 식별하도록 돕는다. 내가 《혼자 밥먹지 마라》에서 기회와 인맥을 연결하는 방식으로 처음 제시했던 개념이기도 하다. 그리고 수년 후 리더십이란 결국 조직 내부에서 네트워크를 효과적으로 작동시키는 일임을 깨달았고, 《요즘 세대와 원 팀으로 일하는 법》에서 RAP 개념을 더욱 발전시켰다.

2. 단지 적응하지 말고, 과감한 적응력을 받아들여라.

그저 수동적으로 대응하거나 순응하는 방식으로는 변화에 대처할 수 없다. 예측하고, 주도하고, 전진하는 태도를 지녀야 한다. 지금과 같은 불확실한 시대에는 근본적인 전환을 가능케 하는 과감한 적응력이 요구된다. 기존의 업무 방식과 낡은 프로세스에 매달릴 수는 없다. 우리는 더 많은 관점, 더 깊은 통찰, 더 풍부한 전문성, 더 대담한 아이디어가 필요하다. 끊임없는 변화의 압력 속에서 살아남기 위해서는 이를 포용하는 더 포괄적이고 진화된 시스템을 만들어야 한다. 내가 《새로운 일의 세계에서 경쟁하기》에서 쓴 것처럼 적응력은 생존을 위한 기제이고, 과감한 적응력은 변화를 이끄는 힘이다. 과감한 적응력을 통해 우리

는 새로운 업무 환경을 단지 따르는 것이 아니라, 함께 성
장하고 진화해 나갈 수 있다.

3. **크게 도약하려면 넓게 연결하라.**

혼란이 일상인 시대에는 더 대담한 해법이 필요하다. 우리
는 넓은 협업이 피상적인 합의로 이어질 것이라는 두려움
에서 벗어나야 한다. 다양한 의견과 새로운 배경에서 나오
는 정보와 자극이야말로 더 큰 아이디어를 만드는 원천이
다. 이 장의 후반부에서 팀 내 다양성을 어떻게 수용할 것
인가를 다루는 9장의 내용과 연결해 이 주제를 더 깊이 탐
구할 것이다. 이러한 접근은 우리가 지금 직면한 불안정한
환경 속에서 더 빠르게 혁신에 도달하도록 도와준다. 통찰
과 아이디어는 크라우드소싱할 수 있다. 조직은 더 넓은
네트워크를 활용해 새로운 아이디어를 끌어올 수 있다. 또
한 생성형 AI를 활용하면 고객, 전문가, 심지어 경쟁자까지
도 가상의 페르소나로 만들어 아이디어를 시험해 볼 수 있
는 새로운 가능성이 열린다.

4. **회의 중심의 협업에서 벗어나라.**

회의는 협업의 한 방식일 뿐이다. 최선의 방식이라고 볼
수 없고, 심리적으로 가장 안전한 방법도 아니다. 물론 대
면 회의는 특정 팀 이슈를 다룰 때나 중요한 결정을 마무

리할 때는 효과적일 수 있다. 하지만 협업에는 그보다 더 대담하고, 빠르며, 포용적인 방식이 있다. 그중 하나가 비동기 협업이다. 같은 시간과 장소에 모이지 않아도 동일한 목표를 향해 함께 일하는 방식이다. 이런 방식으로 협업하면 굳이 회의를 열지 않아도 넓은 범위의 팀이 참여할 수 있고, 아이디어를 다양한 관점에서 시험해 보는 전 과정을 빠르게 진행할 수 있다.

마지막 항목은 회의에 대한 오래된 신화를 깨뜨린다. 뮬렌웨그는 조용한 구성원들의 의견을 들을 수 있어야 진짜 협업이 가능하다고 믿는다. 그래서 그는 이사회 회의를 제외하고는 정기 회의를 거의 잡지 않는다. 실시간 대화 중심의 협업만으로는 충분하지 않으며, 분산된 환경에서 일하는 것은 내향적인 구성원의 창의성을 이끌어 낼 수 있다고 강조한다.

"프랑스어에 계단에서의 생각l'esprit de l'escalier이라는 말이 있어요." 뮬렌웨그는 말한다. "대화가 끝나고 자리를 떠난 뒤 계단을 다 내려와서야 비로소 상대방에게 했어야 할 완벽한 말을 떠올리는 거죠. 사람의 사고방식이 그렇습니다. 좋은 아이디어는 샤워할 때 떠오르기도 하고, 산책 중에 불쑥 나타나기도 하죠."

최고 수준의 팀은 원격 환경에서 회의가 필요할 때 소그룹 토의를 활용해 효과적으로 운영한다. 3장에서 살펴보았듯 이 방식은 완전한 솔직함을 끌어내는 강력한 수단이지만 많은 팀들이 제대로 활용하지 못하고 있다. 우리는 평균 12명이 참석하는 회의에서 단 4명만이 자신의 의견이 상대에게 들렸다고 느낀다는 연구 결과를 알고 있다. 반면 소그룹 토의와 공유 문서를 활용하면 모든 사람의 의견을 수렴할 수 있다.

이 방식을 활용하면 회의에 누가 반드시 참석해야 할지, 문서 공유만으로도 충분한 팀원은 누구인지 미리 판단할 수 있다. 결과적으로 회의 시간이 줄어들며, 협업 전 과정이 클라우드에서 이루어지기 때문에 협업 사이클 자체가 몇 주, 때로는 몇 달까지 단축될 수 있다.

오늘날 수많은 회의가 문제의 핵심을 제대로 파악하지 못한 채 겉돌고 있다. 그러다 보니 끝없이 반복되지만 결국에는 서로 다른 관점의 근본적인 간극을 해소하지 못한다. 반면 세계적 수준의 팀은 새로운 기술을 적극적으로 활용해 협업을 다시 설계하고, 더 빠르고 대담한 혁신을 함께 만들어 가고 있다.

경계 없는 협업이 만드는 혁신

에릭 스타크로프Eric Starkloff가 NINational Instruments*의 차기 CEO로 선임되었을 당시 그는 그곳을 완전히 새롭게 탈바꿈시키겠다는 사명을 가지고 있었다. 그의 목표는 의사결정 속도를 높이고 성장의 속도를 가속화하는 것이었다.

스타크로프는 매출 12억 달러 규모의 이 기업이 기술 기업처럼 더 민첩하게 운영되어야 한다고 믿었다. 이를 위해서는 문화의 변화가 필수적이었다. 그는 고위 리더들이 반드시 CEO의 결정을 기다릴 필요는 없다는 점을 인식하길 바랐다. 이런 구상은 2020년 초 무렵 시작되었다. 곧이어 코로나19 팬데믹이 찾아오며 팀은 원격 근무 체제로 전환되었다. 그리고 몇 개월이 지나자 모든 것이 달라졌다. 경영진은 신뢰를 새롭게 구축했고, 혁신과 빠른 의사결정을 중심으로 한 문화를 만들어 냈다.

스타크로프는 이렇게 말한다. "가장 눈에 띄는 변화는 핵심적인 비즈니스 결정을 더 빠르게 공유하고 실행할 수 있게 된 점입니다. 지금은 협업을 통해 문제를 정의하고 의사결정을 함께 내

* 구 내셔널 인스트루먼트. 텍사스 기반의 자동화 테스트 및 측정 장비를 만드는 제조업체.

리기 때문에 실행 속도도 훨씬 빨라졌습니다. 더 이상 예전처럼 동의를 구하는 과정에 시간을 낭비하지 않아도 됩니다. 사실 과거에는 '협업적 의사결정'과 '신속한 의사결정'이 서로 충돌한다고 여겼죠. 하지만 둘 다 달성할 수 있는 방법이 있다는 걸 깨달았습니다. 이는 단순한 문화의 변화에 그치지 않았습니다. 실제 성과가 바뀐 겁니다."

제이슨 그린Jason Green NI 최고수익책임자 겸 포트폴리오 담당 부사장은 이 같은 변화가 어떻게 기존의 조직 간 벽을 허물었는지 설명했다. "협업 문화가 정착되면서 각 사업 부서가 서로를 '공감할 수 있는 동료'로 인식하게 되었습니다. 그 결과 매출은 증가했고, 조직 내 협업은 눈에 띄게 강화되었습니다."

혼자 해결하지 않아도 된다는 생각의 전환

NI의 여정과 새로운 행동 약속, 팀십 실천법을 중심으로 한 코칭 과정을 되돌아보며 에릭 스타크로프는 리더들이 협업에 대해 가져야 할 사고방식의 근본적인 전환을 이렇게 정리했다.

"과거에 NI의 리더들은 어떤 사안이든 스스로 해결해야 한다고 느끼는 경우가 많았습니다. 하지만 문제 해결 과정에 동료들을 참여시킨다고 해서 리더의 권한이나 책임이 줄어드는 건 아닙니다. 이는 사고방식의 전환입니다. 반드시 혼자 해결할 필요는 없다는 거죠."

이러한 변화는 포용성과 공동 창조, 그리고 협업을 위한 효율적인 실천법을 받아들이면서 시작되었다. 전통적인 위계나 조직 구조, 리더십 서열에 얽매이지 않고 상호 의존성에서 가치를 만들어 내는 방식으로의 전환이었다.

협업 도구 체계의 개념

세계 최고 수준의 팀들은 협업을 단순히 회의로 보지 않는다. 이들은 협업을 '협업 도구 체계Collaboration Stack'라는 4가지 다른 방식의 구조로 인식하며, 각각의 방식이 목적에 맞게 정교하게 설계되어야 한다고 본다.

1. **비동기 협업**

    동일한 목표를 향해 나아가지만 팀원들이 각자의 시간에 맞춰 작업하며, 회의 대신 협업 기술과 공유 문서를 주로

활용하는 방식

2. **원격 협업**

   실시간으로 협업하지만 팀원들이 각기 다른 장소에서 원격으로 참여하는 방식

3. **하이브리드 협업**

   일부는 원격으로, 일부는 대면으로 참여하는 실시간 협업 방식

4. **대면 협업**

   모든 팀원이 한 공간에 모여 실시간으로 진행하는 협업 방식

4가지 구조의 최상단에 비동기 협업이 있다. 이는 나머지 모든 방식의 전제가 되며, 도입이 가장 절실한 방식이다. 비동기 협업은 동시적 회의 없이도 훨씬 생산적인 업무 절차를 가능하게 하며, 회의의 부담 없이 더 많은 사람들을 논의에 참여시킬 수 있다. 그 결과 업무 속도를 늦추지 않으면서 더 폭넓은 포용성과 대담한 혁신을 유도할 수 있다.

관계적 역학을 고려하라

협업은 실시간 대 비실시간이라는 이분법으로 나뉘지 않는다. 중요한 것은 두 방식을 전략적으로 조합해 각각의 장점을 극대화하는 것이다. 드류 휴스턴은 "드롭박스는 원격 근무를 우선시하는 정책을 갖고 있지만 원격만이 전부는 아니다"라고 말한다. 그는 분기마다 팀이 실제로 모여 깊이 있는 관계를 다지는 시간을 중요하게 생각한다. 실제로 많은 조직에서 비동기 협업의 역량을 개발하는 것이 필수 과제가 되었으며, 이는 업무와 협업을 새롭게 설계하는 전략의 일환으로 우선순위를 두어야 할 부분이다.

비동기 협업이 정교하게 구축되면, 회의 자체를 줄이거나 꼭 필요한 인원만으로 구성된 집중도 높은 회의를 진행할 수 있다. 다만 우리는 모든 방식—대면, 하이브리드, 전면 원격—에서 고품질의 실시간 협업을 만들어야 한다. 물리적으로 함께 모일 수 있는 기회는 더욱 귀해지고 있다. 그렇기에 그 시간은 업무의 정서적 측면에 집중하는 방향으로 설계되어야 한다. 예를 들어 갈등이 예상되는 협업, 결정을 내려야 하는 프로젝트, 축하의 자리, 창의적 놀이, 유대감 형성, 감정적으로 어려운 문제 해결 등은 대면 방식이 가장 효과적이다. 이처럼 실제로 모인 시간이 그저 '같은 공간에 존재했다'는 의미에 그치지 않도록 주의해야 한다.

이 모든 요소가 모여 협업 도구 체계를 구성한다. 각 단계는 고유한 속성을 가지며, 각기 다른 팀십 실천법이 요구된다. 협업은 회의가 아니다. 협업은 관계적 역학이 복합적으로 작동하는 시스템이며, 우리가 수년에 걸쳐 축적한 실증 기반 연구는 이 복잡한 구조의 해법을 제시한다. 그것이 바로 조직의 성과를 끌어올리고 성장을 가속화하는 열쇠다.

회의 중심 협업 벗어나기

모든 구성원의 관점을 충분히 반영하지 않는다는 것은 곧 평균 이하의 결과를 의미한다.

다양한 시각과 폭넓은 참여는 대담한 아이디어를 끌어내는 강력한 원천이며, 이는 파괴적 혁신과 도전을 가능하게 한다. 매트 뮬렌웨그처럼 협업을 위한 전용 플랫폼을 직접 개발할 필요는 없다. 이미 우리에게는 마이크로소프트 오피스 365나 구글 워크스페이스 같은 도구들이 있다. 문서, 엑셀, 프레젠테이션 툴, 설문 폼, 업무용 메신저 등이 결합된 온라인 협업 도구는 누구나 쉽게 접근할 수 있도록 설계되었다. 이를 통해 더욱 폭넓고 포용적인 협업이 가능해졌으며, '회의 중심의 협업에서 벗어나기Meeting Shift'라는 새로운 실천을 통해 회의 중심의 협업 방식에서 벗어나 각자의 시간에 따라 함께하는 방식의 협업으로 전환할 수 있게 되었다. 이제 우리는 협업의 전 과정을 보다 빠르고 유연하게 설계할 수 있으며, 혁신의 속도 역시 함께 높일 수 있다.

마이크로소프트 CEO 사티아 나델라와의 대화에서 그는 분명하게 말했다. "우리는 기업 현장에서 새롭게 일하는 방식을 적극적으로 전파해야 합니다. 기술은 충분히 발전했지만, 우리는 아직 그 가능성의 표면만을 겨우 긁고 있을 뿐입니다."

이제는 일터에서의 새로운 움직임이 필요하다. 기술이 일하는 방식을 어떻게 변화시킬 수 있는지를 받아들이고, 특히 원격 근무의 새로운 가능성과 생성형 인공지능, 에이전트형 AI가 열어가는 협업 혁신을 적극적으로 수용할 수 있는 새로운 실천가와 전도자들이 필요하다.

AI를 실질적 팀원으로 받아들이기

2012년에 우리는 원격 근무에 관한 연구를 시작하며 고성과 하이브리드 팀이 갖추어야 할 핵심 속성을 중심으로 팀십 실천법을 새롭게 설계했다. 그 결과는 〈하버드 비즈니스 리뷰〉에 '가상 환경에서 새롭게 정의되는 인간 규칙New People Rules in a Virtual World'이라는 제목으로 소개되었다. 이후 2020년 팬데믹은 원격 근무의 대규모 실험장이 되었고, 우리가 제안한 고효율 원격·하이브리드 팀십 실천법들이 실제 현장에서 어떤 영향을 미치는지 확인할 기회가 되었다. 이 실천 항목들을 적용한 팀에서는 핵심 성과 지표, 즉 책임감과 결과 도출 능력이 기존 대비 서너 배 향상된 것으로 나타났다.

그로부터 수년 뒤, 생성형 AI의 가능성이 본격적으로 주목받기 전부터 우리는 미래학자 피터 디아만디스와 함께 AI 관련 공동 연구를 시작했다. 그는 이렇게 말했다. "머지않아 AI가 주도하지 않는 기업은 시장에서 사라질 것이다."

AI가 우리 일터에 미칠 영향에 관해서 이야기하는 것이 이제는 의미가 없을 수도 있다. 그럼에도 분명한 것은 다음과 같다.

1. AI와 인간은 동료로 함께 일하게 될 것이다. AI는 우리가 하는 거의 모든 일을 보조하게 될 것이며, 인간과 AI는 팀으로 연결되어 협업하게 된다. AI를 중심으로 일의 방식이 변화하면서 많은 사람들이 비용 절감의 가능성에 주목하고 있다. 하지만 이 변화는 단지 비용 문제에 그치지 않는다. 사람들이 일에서 느끼는 목적의식과 인간적인 연결감

또한 한층 깊어질 수 있는 가능성을 품고 있다. 이 변화 속에서 우리가 성공하려면 비즈니스 목표와 인간적인 충만함을 동시에 달성할 수 있도록 AI와 인간이 조화를 이루는 능력을 갖춰야 한다. '에이전트형 AI'의 발전은 사람 수에 비례하지 않고도 더 큰 가치를 창출할 수 있게 할 것이다.

2. 에이전트형 AI의 발전으로 더 적은 사람이 더 큰 가치를 창출할 수 있게 된다. 감독 없이도 스스로 판단하고 작업할 수 있는 AI가 개발되면서 소수의 인력이 AI와 협업하여 과거보다 훨씬 더 많은 성과를 낼 수 있게 된다. 예를 들어 구글이 2006년 유튜브를 인수했을 때, 단 10명이 만든 서비스가 10억 달러의 기업 가치를 만들어 낸 것은 큰 충격이었다. 하지만 앞으로는 단 한 사람이 수십억 원 가치의 회사를 만들어 내는 시대, 나아가 인간의 개입 없이 AI만으로 탄생하는 수십억 원 규모의 회사도 현실이 될 수 있다. 이는 AI와 인간이 협력자이자 공동 창작자로서 함께 엄청난 가치를 창출해 낼 것임을 보여 주는 사례다. 어떤 면에서 보면 팀 동료라는 개념 자체가 완전히 새로운 의미를 갖게 되는 셈이다. 하지만 본질은 달라지지 않는다. 함께 창조해 나가는 대상이 인간이든 AI든, 우리는 다양한 페르소나들과 협력하는 시대에 접어든 것이다.

AI에 대한 높은 관심과는 별도로 실제 조직 내 도입은 더딘 편이다. 기존 소프트웨어와는 전혀 다른 관계 때문일 것이다. 기존 소프트웨어는 도구였지만 AI는 동료이자 파트너다. AI는 곧 인간보다 먼저 생각하고 새로운 사고방식을 요구하는 존재가 될 것이다. 사람들이 AI 도입을 주저하는 또 다른 이유는 두려움이다. 너무 과장된 약속과 기대가 사람들을 주춤하게 만든다. '아인슈타인이 내 사무실로 이사 오는 느낌'이라는 말이 나올 정도다. 물론 언젠가는 그런 수준의 AI도 가능하겠지만, 지금 우리가 마주한 현실은 여러 기술과 능력을 갖춘 수천 명의 인턴이 대기 중인 것과 비슷하다. 문제는 구체적이고 명확한 지시를 내려야만 원하는 결과를 얻을 수 있다는 점이다. 하지만 한번 상상해 보자.

1. 팀 내에 존재하지 않는 다양한 전문성과 인사이트를 외부에서 끌어오는 것이 지금 시대의 경쟁력이다. 예를 들어 소비재 기업이 신제품을 개발 중이라면 AI를 활용해 다양한 소비자 페르소나가 그 제품에 어떻게 반응할지 예측할 수 있다. B2B 기업이 새로운 솔루션을 구상 중이라면 AI에 다음과 같은 고도화된 질문을 던져 볼 수 있다. "이 솔루션에 대해 특정 산업군은 어떻게 반응할까?" 전략 논의 과정에서 AI는 경쟁자의 목소리를 시뮬레이션해 주는 역할도

할 수 있다. 우리의 호기심과 상상력이 깊고 넓을수록 AI는 그만큼 정교하게 훈련되어 우리의 인지적 확장에 도움을 줄 수 있다.

2. AI를 실용적으로 활용하는 방법 중 하나는 기본적인 행정 업무의 자동화다. 예를 들어 캘린더 일정 자동 조정, 이메일 작성, 문서 초안 생성 등은 이미 일상화되고 있다. 앞으로는 적절한 사람들과, 적절한 문제를, 거의 실시간으로 연결하는 일이 가능해질 것이다. 그 덕분에 협업에 들어가는 수개월의 시간을 절약하고, 핵심 인사이트를 정확히 전달해야 할 수천 명의 사람들과 빠르게 연결할 수 있는 시대가 열린다.

3. AI가 업무 흐름 전반에 깊이 내재되면서 개별 팀원의 퍼포먼스에 대한 막대한 양의 데이터를 수집·분석할 수 있다. 이 데이터는 구성원의 학습과 역량 개발, 생산성 향상, 커뮤니케이션 개선에 활용될 수 있다. 예를 들어 우리의 커뮤니케이션은 얼마나 효과적인가? 회의에서 타인의 말을 끊고 있지는 않은가? 메시지가 오해되고 있지는 않은가? 회의 전 사전 메모를 통해 입장을 밝혔는데, 정작 중요한 순간에 왜 발언하지 않았는가? 이에 대한 실시간 피드백이 지금 당장은 어려울지 몰라도곧 가능해질 것이고, AI는 개

인과 팀의 업무 효과성과 영향력을 크게 끌어올릴 것이다.

이 내용들이 지나치게 전술적이고 단기적인 이야기라는 것을 나도 알고 있다. 이 책의 다음 판에서는 시대에 뒤떨어진 내용이라며 삭제될지도 모른다. 하지만 지금 이 순간 AI와 협업하는 시대는 이미 도래했고, 많은 조직이 그 흐름에 뒤처지고 있다. 1장에서 살펴본 것처럼 리더십에서 팀십으로의 전환은 새로운 협업 행동, 새로운 프로세스, 그리고 새로운 도구들의 결합을 요구한다. AI는 단지 도구가 아니다. AI는 새로운 팀 구성원이자 협업 상대이며, 팀 문화와 일하는 방식을 근본적으로 재설계하도록 요구하는 존재다. 그 잠재력을 최대한 활용하기 위해서는 AI 중심의 팀십을 실질적으로 구현해 나가야 한다.

팀십 실천법

진단 과정을 마치고 핵심 행동 수칙을 설정했다면 다음의 6가지 팀십 실천법이 협업 수준을 한 단계 끌어올리는 전환을 이끌어 낸다.

1. **확장된 팀 구성과 관계 실행 계획** Teaming Out and the Relationship
   Action Plan

   일을 제대로 해내기 위해 우리는 누구와 연결되어야 하는
   가? 손을 내미는 범위가 넓을수록 더 혁신적이고 대담한
   해답이 나올 수 있다는 점을 인식하고, 이를 구조화하는
   방법을 설계한다.

2. **비동기 아이디어 검증 훈련** Asynchronous Stress Testing

   3장에서 다룬 완전한 솔직함과 동료 간 책임을 바탕으로
   시공간의 제약 없이 다양한 의견을 끌어내는 개방형 협업
   방식으로 발전시키는 실천 방법이다.

3. **비동기 협업 문제 해결** Async Collaborative Problem-Solving

   명확한 정답이 없는 비즈니스 핵심 질문을 던지고, 다양한
   참여자들이 이를 중심으로 협업에 참여하도록 유도하는
   포괄적 실천 항목이다.

4. **의사결정 보드** The Decision Board

   협업형 문제 해결의 고도화 버전으로, 하나의 질문이 아닌
   여러 개의 논의 과제를 사전에 도출하고 정리함으로써 회
   의 전 의사결정을 구조화한다.

5. **일정 리셋 선언** Calendar Bankruptcy

   불필요한 회의를 과감하게 정리하는 대대적인 일정 점검

프로세스로, 진정으로 의미 있는 협업 시간을 되찾기 위한
실천 항목이다.

6. **사전 준비 시간 확보** Scheduling Async Prep

비동기 협업이 효과를 발휘하려면 회의보다 준비 시간이
우선시되어야 한다. 이 실천 항목은 일정을 재설계해 더
깊이 있는 사고와 검토 시간을 확보하도록 돕는다.

협업 진단

1단계: 더 나은 협업을 위한 논의

우리 팀 안에는 혁신을 이끄는 '경계 없는 협업'의 문화가 자
리 잡고 있는가? 더 나은 해답, 더 영감 있는 아이디어를 얻기 위
해 조직도의 경계를 넘어 외부 사람들과 협업하려는 열정이 있
는가? 협업 기술과 그 기능들을 최대한 활용해 협업의 속도를
높이고 있는가?

이것이 바로 세계적 수준의 팀들이 자문하며 추구하는 기준이
며, 우리의 진단 도구에서 이들은 보통 5점 만점에 4.3점을 기록
한다. 팀십의 핵심은 팀을 최대한 넓게 정의하고, 그 안에 있는
뛰어난 사고와 관점을 활용해 혁신을 진전시키고, 날카롭게 다
듬으며, 더 과감하게 추진하는 데 있다. 우리는 팀을 단지 함께
일하는 사람들로 한정하지 않고 돌파구를 만드는 데 가장 좋은

답을 줄 수 있는 사람들까지 포함하도록 재정의한다. 그러나 이런 경계 없는 공동 창조의 정신은 매우 드물다. 우리의 데이터에 따르면 평범한 팀 대부분이 같은 진단에서 2.5점에 머문다.

2단계: 진단 질문

모든 팀원은 다음 질문에 대해 1점에서 5점까지 점수를 매긴다.

| **1** 전혀 그렇지 않다 | **2** 그렇지 않다 | **3** 보통이다 | **4** 그렇다 | **5** 매우 그렇다 |

···▸ 우리는 팀원 간의 상호 의존성을 통해 의미 있고 실질적인 가치를 창출하고 있는가?

···▸ 우리는 위계나 직위에 의존하는 문화에 가로막혀 있지 않은가?

···▸ 우리는 팀의 공동 목표 달성을 위해 끝까지 함께 완주하고 있는가?

···▸ 우리는 각자의 약속을 지키고 결과에 대해 스스로 책임을 지고 있는가?

···▸ 회의는 꼭 필요할 때만 진행하며, 새로운 협업 도구와 AI를 활용해 효율적으로 운영되고 있는가?

···▸ 우리는 혁신적인 해결책을 찾기 위해 포용적인 태도로 다양한 의견과 폭넓은 참여를 유도하고 있는가?

이 설문은 팀의 신뢰를 받는 중립적인 구성원이 주관해야 하며, 각자의 응답은 익명으로 수집한다. 온라인 설문 도구를 사용하거나 페라지 그린라이트 웹사이트에 있는 진단 도구를 활용할 수 있다.

핵심 행동 수칙과 실행 점검 미팅

협업을 위한 2가지 팀십 행동 수칙은 다음과 같다. "우리는 대담한 혁신을 위해 폭넓게 협력한다." "우리는 협업의 질을 높이기 위해 기술을 적극 활용한다."

이러한 변화가 실제로 이뤄지고 있는지 확인하려면 팀십 실천법들을 적용한 지 한 달 이내에 실행 점검 미팅을 진행하고, 이후에도 정기적으로 되짚는 자리를 마련해야 한다. 이를 통해 새로운 행동 약속이 지켜지고 있는지, 팀십 실천법이 현장에서 작동하고 있는지 점검할 수 있다.

팀십 실천법 ⓬ 확장된 팀 구성과 관계 실행 계획

사람들은 대부분 '팀'이라고 하면 자신에게 직접 보고하는 구성원들을 떠올린다. 하지만 이는 낡은 업무 방식에 기반한 사고다. 지금 우리가 던져야 할 질문은 다음과 같다. '이 일을 완수하기 위해 우리가 함께해야 할 사람은 누구인가?' 그리고 하나 더.

'우리가 손을 내미는 폭이 넓을수록 더 혁신적이고 과감한 해답에 이를 수 있다는 사실을 인식하고 있는가?'

그 대상이 조직 내부에 있든 외부에 있든 중요하지 않다.《혼자 밥먹지 마라》를 집필하며 네트워킹에 대한 통찰을 공유했던 나는 이후 그 내용을 조직 내 네트워크에서 효과적으로 일하고 리드하는 방식으로 발전시켜 왔다. 우리가 무엇을 해야 하고, 어디로 가야 할지를 말하기 전에 그 여정을 함께할 사람이 누구인지 먼저 정의해야 한다. 그것이 바로 '확장된 팀 구성'이다.

확장된 팀 구성을 실천하기 위해서는 관계 실행 계획RAP을 전략적으로 수립해야 한다. RAP는 다음과 같은 내용을 포함해야 하며, 공동 문서로 작성해 팀과 공유한다.

1. **각 목표의 성공에 결정적으로 중요한 관계를 식별한다.**

   이들은 단순히 동의를 구해야 할 이해관계자가 아니라 목표를 함께 실현해 나갈 '우리 팀'의 일부다. 따라서 협업을 전제로 서비스 정신, 나눔, 배려를 실천해야 한다. 또한 이를 위해 새로운 행동 약속을 분명히 해야 한다. 확장된 팀 구성이란 곧 각 목표별로 그것을 실현하기 위한 팀을 명확히 규정하는 것이다.

2. **각 관계의 진척도를 수치화한다.**

관계 수준은 -1에서 5까지의 척도로 점수를 매긴다.

-1 = 관계가 긴장 상태다.

　0 = 우리 일에 대해 알지 못하거나 관심이 없다.

　1 = 알고는 있지만 실제로 거의 참여하지 않는다.

　2 = 약간 관여하고 있지만 깊이 있는 협업은 이루어지지 않는다.

　3 = 정기적으로 협업하며 교류하고 있다.

　4 = 우리의 옹호자로서 혁신을 지지하고, 위험과 쟁점을 기꺼이 드러낸다.

　5 = 우리와 완전히 같은 편에 서 있으며, 새로운 핵심 인재를 연결하는 일에도 앞장선다.

이제 각 관계자의 중요도를 ABC로 분류한다.

A = 매일 함께 일하는 핵심 팀

B = 우리 일의 진척에 큰 영향을 줄 수 있는 사람들(도움이 될 수도, 방해가 될 수도 있다). 이들과는 진정한 공동 창조를 지향해야 한다. 매일의 스탠드업 미팅stand-up meeting에는 참여하지 않을 수 있지만, 정기적인 스프린트 리뷰sprint review에는 반드시 관여해야 한다(스프린트 리뷰에 대해서는 7장에서 더 자세히 다룰 예정이다).

C = 일정 수준의 참여가 필요한 영향력 있는 인물들. 이들

혼자 리드하지 마라

은 프로젝트의 핵심 단계에서 아이디어 검증 훈련에 만 참여할 수도 있다.

당신에겐 2가지 기준이 생겼다. 관계지능Relational Intelligence Quotient, RQ과 우선순위.

이제 해야 할 일은 명확하다. A 그룹 팀원들과의 RQ를 4 또는 5 수준으로 끌어올리는 것이다. 그들은 당신의 핵심 팀원이며, 공동 목표를 중심으로 깊이 있는 상호 성장 관계를 형성해야 한다. B 그룹도 대부분 최소 RQ 3 이상이 되도록 노력해야 한다. 단, −1 관계를 억지로 바꾸려 애쓰는 데 시간을 낭비하지 말라. 대신 명확한 성과를 내고 가시적인 결과를 만드는 데 집중하라. 그러면 오히려 −1과의 관계가 자연스럽게 전환되기도 한다. 우리는 이를 '사울 투 바울Saul-to-Paul 전환'이라 부른다. 기독교를 박해하던 사울이 다마스쿠스로 가는 길에서 회심하여 바울이 된 사건처럼, 처음에는 반대하던 이가 오히려 핵심 동지가 되는 전환이다. 하지만 너무 이른 시도는 시간만 낭비할 뿐 오히려 추진력을 얻는 데 방해가 될 수 있다.

3. 적극적으로 관계를 구축하고 관리하라.

팀 내 역할을 분담하여 각자가 타깃 인물과 관계를 맺도록 할 수 있다. 이들은 외부 계약자일 수도 있고, 클라이언트

일 수도 있으며, 반드시 포함돼야 할 고객일 수도 있다. 시간이 지남에 따라 이 목록을 확장하고 최소한 매월 말에는 팀 차원에서 관계 진척도를 점검해야 한다. 고객과 공급자 모두와 동반 성장의 관계를 형성하라.

불필요한 조직 개편을 피하라

많은 기업들이 부서 간 협업에 문제가 생길 때마다 조직 개편이라는 진자 운동을 반복하곤 한다. 사업 부문과 인접 부서 사이에서 협력이 잘 이루어지지 않으면 어느 한 조직의 권한이나 통제 범위를 조정해야 한다고 판단한다. 그러고 나면 몇 년 후에는 또 다른 인접 부서에서 비슷한 문제가 생기고, 결국 또 한 번의 조직 개편이 단행된다. 외부 컨설팅 업체가 투입되어 조직도를 다시 설계하지만, 시간이 지나면 또다시 처음으로 되돌아가게 된다. 이런 흐름이 익숙하게 느껴진다면 당신도 이런 악순환의 구조 속에 있었을 가능성이 크다.

기업 내에서 업무는 흔히 다양한 차원—사업부별 손익P&L, 지원 조직, 지역 등—에 걸쳐서 이루어진다고 설명되곤 한다. 하지만 이러한 구조는 조직도를 설명하는 데는 유용할 수 있으나 실제로 일이 이루어지는 방식과는 거리가 있다. 일을 조직하는 방식은 이제 목표에서 출발해야 한다. 모든 목표는 그 목표를 실현하기 위한 팀이 필요하다. 그렇다면 그 팀은 누구로 구성되어야 하는가? 여기서 다시 확장된 팀 구성과 관계 실행 계획이라는 개념으로 돌아가게 된다.

즉, 하나의 목표를 달성하기 위해 필요한 사람들을 네트워크 기반으로 선별하고 다양한 기능과 배경을 가진 협업 주체들로 구성된 팀을 설계해야 한다. 이러한 팀은 기존의 고정된 조직도에서 비롯되는 것이 아니라 유연한 네트워크로부터 생성된다. 그리고 이 팀들은 스프린트 방식의 짧은 업무 주기 내에서 목표를 실행해 나간다(스프린트에 대한 설명은 7장에서 자세히 다룬다). 나는 고객사 리더들에게 늘 이렇게 조언해 왔다.

"조직 개편부터 시작하려고 하지 마십시오. 우선 팀 리더들이 전사적으로 협업할 수 있도록 돕는 것이 먼저입니다. 그 첫걸음은 각자의 목표를 명확히 하고, 목표 달성을 위한 포괄적인 관계 실행 계획을 설계하며, 그렇게 구성된 네트워크형 팀을 애자일하게 운영하는 것입니다."

이러한 접근을 통해 조직 전반에 애자일 팀십 문화를 정착시킬 수 있다.

팀십 실천법 ⑬ 비동기 아이디어 검증 훈련

3장에서 우리는 팀 내 솔직한 소통과 동료 간 책임감을 높이기 위한 방법으로 아이디어 검증 훈련을 소개한 바 있다. 여기서 다룰 비동기 아이디어 검증 훈련은 그보다 한층 확장된 형태다. 이 방식에는 '누구를, 몇 명까지'라는 제한이 없다. 협업에 참여할 수 있는 범위가 훨씬 넓어졌기 때문에 보다 다양한 관점과 의견을 받아들일 수 있으며, 이는 곧 더욱 혁신적이고 효과적인 해답으로 이어진다.

실제로 한 대형 자동차 제조사의 사례를 보면, 열다섯 명으로 시작된 협업 논의가 비동기 아이디어 검증 훈련을 거치며 점차 확장되었고, 몇 달간 해결하지 못했던 난제를 풀 결정적인 통찰이 애초에 논의에 포함되지 않은 세 단계 아래 직급의 구성원으로부터 나왔다. 이처럼 우리는 기존의 핵심 인력만으로는 도달하기 어려웠던 영역까지 시야를 넓힐 수 있다. AI를 활용한 아이디어 검증 훈련도 마찬가지다. 다양한 AI 페르소나를 활용해 우리의 아이디어와 가정을 점검하고 평가받는 방식은 한층 깊이 있는 통찰과 혁신으로 나아가는 출발점이 될 수 있다.

이 개념을 구체적으로 이해하기 위해 CEO와 최고재무책임자 CFO로부터 비용 절감을 요구받은 경영진을 예로 들어 보자. 최고 정보책임자CIO는 분산되어 있던 IT 리소스를 중앙으로 통합해 비용을 줄이겠다는 제안을 준비하고 있었다. CIO는 IT에 대한 중앙 통제가 강화될 경우 사업부 리더들이 맞춤형 지원의 축소를 우려하며 반발할 거라 예상했다. 기존 방식이라면 CIO는 미리 CFO와 안건을 사전 조율하고 CEO와는 예상되는 쟁점을 충분히 논의한 뒤 그들의 지지를 얻은 채로 회의에 들어간다. 회의에서는 형식적인 보고 형태로 안건이 공유되고, 이미 주요 결정권자들과 정리된 내용이기 때문에 일부 부서 리더들은 회의 내에서 우려를 표현하지 않는다. 그 대신 회의 후 CEO에게 따로 접근해 반대 의견을 전달하려 하거나 충분히 고민할 시간이 없었다는 이유로 침묵한다. 결국 회의에서는 실질적인 논의 없이 다음 안건으로 넘어가게 되고, 해결되지 않은 불만과 의견은 수면 아래에 남는다.

이는 전 세계 수많은 기업 회의실에서 매일 반복되는 모습이다. 하지만 다른 접근법도 가능하다. 같은 상황에서 CEO는 팀 전체에 명확한 방향성을 제시한다. "현재의 경제 상황에서는 비용을 줄이는 방안을 찾아야 한다"는 북극성North Star, 즉 하나의 공동 목표를 설정하는 것이다. 이에 따라 CIO는 다음의 3가지 항목으로 구성된 1페이지 분량의 문서를 작성한다.

⋯ 지금까지 우리가 파악한 내용과 최선의 해결책을 찾기 위해 이미 시도한 일들은 다음과 같다.

⋯ 현재 우리가 어려움을 겪고 있는 부분은 여기다. 이 주제

에는 복잡하고 풀기 힘든 문제가 있다.

⋯⋯➤ 오늘 시점에서 우리가 세운 향후 계획은 다음과 같다.

필요하다면 문서와 함께 짧은 동영상을 공유해 민감한 사안에 대한 CIO의 의도를 명확하게 전달한다. 그리고 이 자료는 회의 참석자 전원에게 미리 공유한다. 이와 함께 편집 가능한 엑셀 시트도 제공한다. 왼쪽 열에는 열두 명의 참석자 이름이, 상단 행에는 다음과 같은 3가지 질문이 기입되어 있다.

1. 우리가 놓치고 있는 리스크나 문제는 무엇인가?
2. 이 상황에 도움이 될 수 있는 혁신적이고 과감한 아이디어는 무엇인가?
3. 당신과 당신의 팀이 지원할 수 있는 것은 무엇인가?

회의 일주일 전까지 이 자료를 공유하면 구성원들은 자신의 팀과 논의한 후 충분한 시간을 들여 답변을 작성하고 다른 이들의 답변도 함께 읽는다. 과거에는 사전 준비가 이루어지지 않는 경우가 많았지만, 모든 참여자의 이름을 명시하고 미리 문서를 공유하는 것만으로 과제 이행 가능성이 높아진다. 동료들이 서로의 책임감을 자극할 수 있으며, CEO가 함께 본다는 점이 실행을 촉구하기 때문이다.

이로써 우리는 회의 이전에 협업의 전 과정을 사실상 한 사이클 이상 선행하게 된다. 결과적으로 회의는 단순한 보고 목적의 모임에서 가장 논쟁적인 몇 가지 쟁점을 중심으로 깊이 있는 토론을 진행하는 장으로 바뀐다. 이렇게 하면 수주, 수개월이 걸릴 뻔한 논의가 단 한 번의 회의로 마무리될 수도 있다.

기타 비동기 협업 팀십 실천법

비동기 협업을 준비하는 과정에서는 팀원 각자가 자신의 의견을 충분히 숙고한 후 문서로 정리하고, 이를 다른 사람들이 사전에 읽고 댓글을 남길 수 있도록 한다. 이 과정을 통해 회의에서 더 이상 '듣는 시간'을 소모하지 않고 곧바로 실행 단계를 논의할 수 있다. 많은 사람들이 회의 직전 문서를 훑거나 회의 초반 10분 동안 간단히 읽으면 된다고 생각한다. 하지만 이는 중요한 협업 사이클 하나를 통째로 생략하는 셈이며, 그 결과 협업 일정이 몇 주씩 지연되기도 한다. 비동기 협업 준비를 더욱 강력하게 만드는 팀십 실천법으로는 '비동기 협업 문제 해결'과 '의사결정 보드'가 있다.

팀십 실천법 ⑭ 비동기 협업 문제 해결

비동기 협업 문제 해결Collaborative Problem-Solving, CPS은 현재 진행 중인 협업과 관련된 중요한 비즈니스 질문 하나에 초점을 맞추는 방식이다. 이는 향후 회의와도 연관될 수 있지만, 반드시 회의 이전에 다뤄져야 한다.

비동기 CPS는 기존의 아이디어 검증 훈련과는 다르다. 아이디어 검증 훈련이 이미 진행 중인 작업의 완성도를 높이고 결점을 보완하는 데 초점을 둔다면 CPS는 보다 개방적이고 전면적인 문제 제기에 초점을 맞춘다. 가장 중요하고 해결하기 어려운 질문을 꺼내지 않거나 논의 자체를 피하는 경우가 많다. CPS는 이러한 질문을 조직 전반에서 드러낼 수 있는 훌륭한 방법이며, 팀의 행동 약속의 일환이기도 하다. 어려운 주제를 두려움 없이 꺼내는 것, 그리고 팀의 사명과 서로에 대한 신뢰를 바탕으로 함께 해결해 나가기로 약속하는 것이다.

CPS는 다음과 같은 핵심 주제에서 명확성과 투명성을 확보하고, 팀의 방향성을 하나의 공동 목표 아래 일치시키는 데 유용하다.

⋯➤ **공동 목표**: 우리는 팀의 미션과 그것을 달성하기 위한 우선순위에 대해 어떤 부분에서 생각이 다른가?

⋯→ **과제**: 우리가 반드시 넘어야 할 가장 큰 산은 무엇인가?

⋯→ **우선순위**: 향후 3개월 내에 반드시 진전을 보여야 할 핵심 항목은 무엇인가?

⋯→ **불필요한 활동**: 현재 우리가 하고 있는 일 중, 지금의 우선 순위를 위해 반드시 중단해야 할 것은 무엇인가?

⋯→ **위험 요인**: 향후 3~6개월 또는 1년 동안 우리가 마주할 최대 위험은 무엇인가?

⋯→ **투명성**: 우리가 팀 내에서 반드시 다뤄야 할 중요한 이슈 중 아직 논의되지 않은 주제는 무엇인가?

이러한 질문에는 항상 마이크로소프트 오피스 365나 구글 스프레드시트 같은 공유 문서를 함께 제공한다. 문서에는 회의 참석자 전원의 이름이 나열되어 있으며, 각자 자신의 의견과 답변을 사전에 기입한다. 특히 구성원들이 자신의 팀 내 논의 결과나 관련 데이터를 함께 반영하도록 권장한다.

내가 현장에서 자주 이야기하는 내용 중 하나는 CPS의 비동기적 접근이 '회의 후 번복'을 줄여 준다는 점이다. 종종 회의실에서 합의한 내용이 나중에 번복되는 경우가 있다. 이는 솔직하지 못한 의견 개진 때문일 수도 있지만, 많은 경우 구성원들이 회의 이후에 팀 내부의 새로운 정보를 알게 되어 입장이 바뀌기 때문이다. 비동기 방식은 이런 문제를 예방한다. 회의 전에 모든 데이터를 테이블 위에 올려놓을 수 있기 때문에 한 번의 회의로 완전한 결정을 내릴 수 있다.

마이크로소프트 오피스 365, 구글 스프레드시트 등의 공동 문서에서 의견을 주고받는 과정은 해당 프로젝트의 결정 과정을 확인할 수 있는 일종의 감사 추적audit trail 역할도 한다. 모든 팀원이 서로의 의견을 사전에 읽은 후에는 본격적인 회의 전에 한 번 더 의견을 나눌 수 있는 공간, 예컨대 새로운 코멘트 열을 만들어 준다. 여기서 각자는 타인의 의견에 동의하거나 다른 의견을 제시할 수 있다. 회의 직전에는 최종 코멘트를 모두 다시 읽고, 회의 리더가 아래 3가지 중 어떤 방식으로 회의를 운영할지 결정한다.

1) 우리가 실제로 회의에서 결정해야 할 핵심 의제는 무엇인가? 어떤 경우에는 논의가 이미 충분히 진행되어 회의 없이도 정리될 수 있다.

2) 이 논의를 위해 꼭 필요한 사람은 누구인가? 많은 경우 소수만 참여해도 충분하다. 이로 인해 전체 회의 시간이 줄고, 달력에서 회의가 30% 이상 줄어든다.

3) 또는 '예/아니오/보류' 방식의 피드백으로 정리할 수도 있

다. "이 안건은 실행한다." "이 안건은 실행하지 않는다. 이 유는 다음과 같다." "보류하고 더 검토하겠다."

그 후 회의에서는 이 결론을 아이디어 검증 훈련으로 다시 한 번 점검하고, 마지막 조율을 거쳐 실행에 옮긴다.

팀십 실천법 ⓕ 의사결정 보드

의사결정 보드는 CPS의 확장형이며, 협업 프로세스의 초기 단계에서 활용된다. CPS가 하나의 핵심 질문에 집중하는 것과 달리 의사결정 보드는 회의 전에 반드시 답변되어야 할 질문의 세트를 다룬다.

핵심 아이디어는 이렇다. 회의에서 의사결정을 위해 제시되는 모든 정보는 반드시 사전 녹화된 짧은 영상이나 간단한 서면 자료로 먼저 공유되어야 한다. 이 사전 자료와 함께 회의 참석자 명단과 안건 관련 핵심 질문들이 정리된 공유 문서가 제공된다. 예컨대 앞서 언급한 대형 자동차 제조사의 경우 고객 및 투자자에게 약속한 일정에 맞춰 제조 라인을 재정비해야 했으나 이 과정에서 지속적인 지연 문제가 발생하고 있었다. 이에 따라 다음과 같은 간결하면서도 강력한 질문이 사전에 공유되었다.

⋯⟶ 우리가 해결하려는 핵심 문제는 무엇인가?

(문제 정의에 대한 불일치를 점검하기 위한 질문)

⋯⟶ 우리가 고려해 볼 수 있는 과감한 대안은 무엇인가?

⋯⟶ 대안 과정에서 가로막힐 수 있는 지점은 어디인가?

(조직 내에서 새로운 대안에 대해 문제를 제기할 수 있는가?)

⋯⟶ 이 논의에 누가 참여해야 하는가?

(더 나은 혁신에 기여할 수 있는 인물은 누구인가? 실행에 반드시

필요한 인물은 누구인가? 조직 외부까지 포함해 누구의 목소리를

들으면 도움이 될까?)

해당 사안에 통찰력을 가진 것으로 간주되는 사람들은 회의가 소집되기 전에 반드시 이 문서를 작성하도록 요청받는다. 회의 안건과 참석자는 이 사전 문서를 기반으로 도출되며, 그 안에는 이미 한 차례에 걸친 실질적인 토론의 흔적이 담겨 있다.

이 접근법은 사전 논의 없이 회의에서 처음 문제를 제기하는 것보다 훨씬 효과적이다. 아무 준비 없이 회의를 시작하면 문제의 정의에서부터 해결책 도출까지 몇 달이 걸릴 수 있다. 반면 의사결정 보드를 활용하면 동일한 논의를 몇 주 안에 효과적으로 마무리할 수 있다.

혼자 리드하지 마라

팀십 실천법 ⑯ 일정 리셋 선언

우리 모두 알고 있듯 회의는 오늘날 조직에서 가장 과잉 공급된 활동이다. 2000년부터 우리가 추적해 온 고성과 팀과 저성과 팀의 성과 데이터를 보면, 회의는 협업의 장으로서 오래전부터 문제를 안고 있었다.

조직심리학자 스티븐 로겔버그Steven Rogelberg 박사와 음성 기록 솔루션 업체 오터에이아이Otter.ai가 20개 산업에 걸쳐 진행한 조사에 따르면 회의 중 최소 1/3은 불필요한 것으로 나타났다. 직원 수 5,000명 규모의 기업은 이러한 불필요한 회의를 없애기만 해도 연간 1억 달러 이상을 절감할 수 있으며, 직원 수 100명의 조직조차 연간 약 250만 달러의 비용을 줄일 수 있다.

일정 리셋 선언은 일정표를 전면 재검토해 불필요한 회의를 과감히 제거하는 활동이다. 회의 안건이 없는가? 삭제한다. 의사결정이 없는가? 그것도 삭제 대상이다. 이러한 회의 정리 작업은 전자상거래 기업 쇼피파이Shopify의 CEO 토비 뤼트케Tobi Lütke가 새해에 진행한 '일정 대청소'와 궤를 같이한다. 뤼트케는 2023년 1월 전 직원에게 2인 이상이 참석하는 반복 회의를 캘린더에서 모두 제거하라고 지시했다. 아울러 불필요한 회의는 과감히 거절하고, 대규모 채팅방에서는 나올 것을 권장했으며, 수요일은 회의 없는 날로 설정했다.

이 조치로 삭제된 불필요한 회의 시간은 총 7만 6,500시간에 달했다. 이후 쇼피파이는 캘린더에 '회의 비용 산출 애플리케이션'을 도입했다. 이 앱은 회의 시간과 참석자의 평균 비용을 바탕으로 해당 회의에 얼마의 금전적 자원이 소모되는지 실시간으로 계산해 준다. 쇼피파이의 최고운영책임자 카즈 네자티안Kaz Nejatian은 다음과 같이 말한다. "쇼피파이에서 누군가가 500달러짜리 저녁 식사를 결제하겠다고 하면 아무도 허락하지 않을 겁니다. 하지만 수많은 사람들이 아무 결정도 내리지 않는 회의에 그보다 훨씬 많은 비용을 아무렇지 않게 쓰고 있습니다."

쇼피파이는 우리가 일하는 장소에 대한 논의에서 한 발 더 나아가 '어떻게 일할 것인가'를 근본적으로 재설계한 대표적인 사례다. 이는 드롭박스 등의 사례와 더불어 일의 방식 자체를 기술과 문화적 실천을 통해 혁신하려는 흐름의 일환이다.

팀십 실천법 ⓱ 사전 준비 시간 확보

사람들은 자주 묻는다. "협업 사전 준비 시간을 언제 확보하나요? 지금 하고 있는 일도 벅찬데요." 협업 사전 준비 시간은 회의만큼 중요하게 캘린더에 반영되어야 한다. 문서 읽기, 전략 검토, 창의적인 사고 등 사전 준비가 필요한 시간은 일정을 반드시 확보해 두어야 한다. 그렇지 않으면 이 업무는 야근이나 주말로 밀

혼자 리드하지 마라

려나고, 결국 충분히 준비하지 못한 채 회의에 들어가게 된다.

회의 전에 공유된 자료를 제대로 읽지 않은 채 참석하는 일이 반복되는 것도 이 때문이다. 협업 사전 준비 시간을 캘린더에 명확히 확보하면 업무 시간 내에 필요한 준비를 마칠 수 있을 뿐 아니라 어느 정도 시간이 소요되는지도 가늠할 수 있게 된다. 이 새로운 협업 방식에 익숙해지면 회의 시간이 줄면서도 훨씬 더 깊이 있고 빠른 결과가 도출된다. 또한 팀원들 사이에서 누가 어떤 작업에 얼마나 시간이 걸리는지 차츰 예측할 수 있게 된다. 같은 일을 하는 데 누군가는 한 시간이, 누군가는 30분이 걸릴 수 있다. 사전 준비 요청을 하는 쪽에서 그 작업에 얼마나 시간이 걸릴지 예상치를 제시하고, 받은 사람은 실제 걸린 시간을 피드백하면 요청자도 점점 더 정확하게 일정을 조율할 수 있다.

우리는 이런 과정을 통해 점점 더 스마트하게 협업할 수 있다. 협업 사전 준비 시간은 회의 시간 못지않게 존중받아야 한다. 그러나 회의보다 더 많은 시간을 쓰라는 뜻은 아니다. 균형 있게 시간을 설계하는 것이 핵심이다.

더 많은 아이디어를 더 효율적으로

지금 이 순간에도 어딘가의 팀은 뛰어난 아이디어를 듣지도 못한 채 의사결정을 내리고 있다. 또 다른 팀은 전략적 사고와 창의적 사고를 위한 시간은 내지도 못한 채 일정에 또 하나의 회의를 추가하고 있다. 우리는 이 책을 통해 협업은 반드시 회의에서만 이루어진다는 오랜 신화를 깨뜨린다.

너무 많은 팀들이 여전히 잘못된 믿음을 가지고 있다. 참여하는 인원이 많아지면 의사결정이 지연되고 성과도 희석된다는 생각이다. 의견이 많을수록 혼란스러워지고 업무 시간만 늘어난다는 오해 속에서 일하고 있지만 이는 사실과 거리가 멀다.

우리의 데이터는 명확하다. 오늘날의 업무는 네트워크 기반으로 이루어지고 있지만, 외부의 이해관계자들과 체계적으로 협업하려는 인식은 여전히 부족하다. 그러나 관점을 넓히고 다양한 의견을 의사결정 과정에 반영하면 오히려 더 과감하고 빠른 결정을 내릴 수 있다. 하이브리드 및 원격 근무 환경이 보편화된 지금, 이런 방식의 협업은 그 어느 때보다도 쉽게 실현할 수 있다.

혼자 리드하지 마라

더 유연한
애자일 운영 방식

핵심 행동 수칙:

우리 팀의 운영체제는 애자일이다.

IBM에서 평생을 보낸 임직원들은 "이건 절대 불가능하다, 시도 자체가 무모하다"고 입을 모았다. 하지만 CEO 아르빈드 크리슈나Arvind Krishna는 IBM이 40년 넘게 고수해 온 소프트웨어와 컨설팅 조직 간의 분리된 영업 체계를 폐기하고, 이를 더 유기적이고 단순하며 효과적인 시장 접근 모델로 통합하겠다는 대담한 목표를 제시했다. 그것도 단 6개월 안에 말이다.

크리슈나는 조직의 변화와 혁신을 느리고 점진적인 과정으로 보지 않는다. 이 책에 등장하는 많은 리더들처럼 그는 엔지니어 출신으로서 애자일을 단지 소프트웨어 개발 방식이 아닌 조직 전체의 운영체제로 받아들이는 강력한 옹호자다. 그는 이렇게 말한다.

"임원들이 대부분 애자일 방식으로 일하는 데 익숙하지 않은 이유는 그들을 지금의 자리까지 올려 준 방식이 '완벽하게 포장된 결과물'을 제시하는 스타일이기 때문입니다. 보스에게 멋지게 포장된 해답을 들고 가는 것이 성공의 공식이었던 거죠. 하지만 애자일은 그 과정에서의 시행착오와 불완전함을 모두가 투명하게 공유하는 걸 장려합니다."

크리슈나는 IBM의 최고경영진에게 애자일 방식을 요구했다. 이 시장 공략 방식의 전환은 단순히 영업 부서만의 과제가 아니었다. 재무, 연구개발, 고객 서비스에 이르기까지 IBM의 모든 조직을 아우르는 전사적 혁신이었다. 애자일 접근 방식의 첫 단계는 명확했다. 부서 간 장벽을 허물고, 전사에 걸쳐 역량 있는 인재를 모아 소규모의 다기능 팀squad을 구성해서 핵심 과제big hills를 해결하도록 하는 것이다. 각 부서가 분절된 상태에서는 도저히 해결할 수 없는 문제였기 때문이다. IBM의 소프트웨어 부문 수석부사장이자 최고상업책임자인 롭 토마스Rob Thomas는 이렇게 설명한다.

"우리는 2주마다 정기적인 점검 회의를 열었습니다. 이 경험은 고위급 리더들이 문제 정의부터 시작해 일관된 프로세스를 통해 어떻게 점진적으로 문제를 해결해 나가는지 보여 주는 훌륭한 사례였어요. 처음에는 '우리에겐 해결해야 할 문제가 있다'는 수준에서 출발했죠. 각자가 생각하는 문제의 정의부터 일치시켜야 했고, 솔직히 어떻게 해결할지는 아무도 몰랐습니다. 그 대신 우리는 문제 해결을 위한 올바른 접근 방식에 함께 동의하고 이를 중심으로 협업하자고 약속했습니다."

이후 2주 간격의 점검 회의는 실제 성과를 공유하고, 걸림돌을 파악하며, 다음 단계의 실행 과제를 정하는 중요한 자리로 발전했다. "우리가 지금까지 달성한 것은 무엇인가? 어떤 방해물이 있었는가? 향후 2주 동안 해야 할 일은 무엇인가?"와 같은 질문에 기반해 대화를 이어 갔다. IBM의 최고인사책임자인 니클 라모로Nickle LaMoreaux 역시 이 다기능 팀에 직접 참여했다. 그녀는 이렇게 회고한다.

"이처럼 복잡한 과제를 추진하는 데 있어 애자일의 가장 큰 장점은 문제를 작은 단위로 나누고 짧은 시간 내에 구체적인 실행을 가능하게 만든다는 점이었습니다. 과거에는 회의실에 앉아 '세계 기아 문제를 어떻게 해결할까' 같은 막연하고 거대한 주제를 논의했다면, 이제는 짧은 기간 안에 해결 가능한 핵심 과제를 정하고 이를 위해 관련성과 다양성을 갖춘 소규모 협업팀을 구성해 빠르게 실행하는 방식으로 바뀐 것이죠. 이런 접근 덕분에 팀 구성원 확보도 훨씬 수월해졌습니다. 모든 것을 한꺼번에 걱정할 필요가 없습니다. 지금 당장 주요 시장의 핵심 고객을 위해 우리가 할 수 있는 일부터 시작하는 겁니다. 최종 목표가 정해지면 그 목표를 향해 2~4주 단위로 계획을 쪼개어 실행에 옮기면 되는 거죠."

이러한 애자일 프로세스의 결과로 영업 조직의 목표와 성과 측정 방식에 대한 전사적 합의가 이뤄졌고, 조직 운영의 투명성 역시 크게 향상되었다.

무엇보다 중요한 점은 새로운 시장 접근 전략을 통해 실제로 매출 성장이라는 실질적 성과를 낳았다는 것이다. 2022년 IBM의 소프트웨어 부문 매출은 전년 대비 12% 증가했고, 컨설팅 부문은 15%, 인프라 부문은 14% 성장했다.

롭 토머스는 말한다. "예전 IBM 출신들에게 우리가 나아가고 있는 방향을 이야기했을 때 거의 모든 사람이 '이건 대실패로 끝날 거야. 당신들은 이 일이 얼마나 어려운지 전혀 모르는군'이라고 했죠. 하지만 실제로는 반대였습니다. 변화가 진행되는 중에도 매출은 꾸준히 상승했고, 침체 없이 오히려 가속이 붙는 전환이 이루어졌습니다."

애자일의 시작

2001년 미국 유타주의 한 스키 리조트에 모인 소수의 IT 전문가들은 '애자일 선언문Agile Manifesto'을 발표했다. 그들은 점점 더 빨라지는 시장의 요구, 코드가 완성되기도 전에 구식이 되어 버리게 만드는 느리고 관료적인 개발·검토 프로세스의 문제를 해결하기 위해 나섰다. 고객은 실망했고, 기존 방식은 더 이상 통하지 않았다.

오늘날 IBM의 아르빈드 크리슈나 CEO와 같은 선도적 리더들은 애자일을 단순한 소프트웨어 개발 방식이 아니라 현대 업무 전반에 적용해야 할 운영체제로 인식하고 있다. 급변하는 환경에서 전략적 변화와 혁신 프로그램을 과거의 느리고 수직적인 명령·통제 방식으로 추진하는 것은 더 이상 효과적이지 않다.

실제로 포춘 500대 기업 중 2/3가 주요 전략적 변화 프로그램을 중도에 포기한 것으로 나타난다. 흥미로운 점은 많은 기업이 기술과 엔지니어링 부서에서 애자일 방식을 깊이 정착시켰음에도 이를 팀 단위로 확장해 적용하는 리더는 드물다는 사실이다. 이는 조직 전체로 애자일을 확산시킬 수 있는 커다란 기회를 놓치고 있는 것이다.

예외적인 상황도 있었다. 팬데믹 시기, 우리는 모두 위기 속에서 애자일을 자연스럽게 실천하게 되었다. 한 글로벌 항공사와의 협업 당시 여행 산업의 근본적 혁신을 위해 분기별 애자일 스프린트를 진행하고 있었는데, 팬데믹이 터지자 이들은 매일 스프린트를 진행하며 생존을 모색했다. 경영진은 매일 모여 전날 성과를 점검하고, 겪고 있는 어려움과 학습한 사항, 새롭게 떠오른 변수들을 공유한 뒤 그날의 우선 과제를 정하고 다음 날 계획을 설정했다.

디트로이트의 한 대형 자동차 제조사 임원은 이렇게 말했다. "위기일 때야말로 우리가 가장 잘할 수 있는 때입니다." 실제로 위기 상황에서는 공감 능력이 강화되고 팀은 더욱 단단히 결속한다. 우리는 부서 간 장벽을 허물고, 더 자유롭게 협업하며, 권한을 나눈다. 하지만 팬데믹 기간의 방식은 장기적으로 지속 가능하지 않았고, 결국 조직은 정신 건강과 팀 회복탄력성에 대한 중요성을 새롭게 인식하게 되었다.

일하는 방식 자체를 재설계함으로써 위기 상황에만 가능한 민첩성과 협업, 유연성과 속도를 일상화할 수 있다. 변화와 혁신은 더 이상 예외적 이벤트가 아니라 일상의 기본값이 되어야 한다. 애자일은 이를 가능케 하는 새로운 운영 시스템이며, 드림팀을 만드는 핵심 열쇠다.

단순하게 유지하라

애자일 방식을 전사적으로 도입하려는 기업의 80%는 어느 시점에서 벽에 부딪힌다. 가장 큰 이유는 애자일이 전체 조직에 완전히 적용되는 과정에서의 절차가 지나치게 복잡하고 엄격하게 느껴지기 때문이다. 이러한 복잡성은 소프트웨어 개발이나 정밀한 제조 프로젝트 관리와 같이 고도의 정확성과 반복적 절차가 필요한 업무 영역에서는 큰 문제가 되지 않는다. 그러나 이를 조직 전반에 확장 적용하려 할 때는 오히려 저항 요인이 되곤 한다.

실제로 애자일은 다양한 형태로 구현되며 스쿼드Squad*, 트라이브Tribe**, 챕터Chapter***, 길드Guild****와 같은 다양한 조직 단위로 운영되기도 한다. 하지만 애자일 실행을 더 깊은 수준으로 도입하고 확장하는 일까지 당장 필요한 것은 아니다. 지금은 핵심

* 6~10명 규모의 자율 팀으로, 특정 기능이나 제품을 독립적으로 계획하고 실행한다.
** 관련된 여러 스쿼드를 묶은 상위 조직 단위로, 업무의 조정과 방향성을 통합한다.
*** 같은 직무나 전문성을 가진 구성원들이 속한 기능 중심 커뮤니티.
**** 공통 관심사를 가진 구성원들의 자율적 네트워크로, 지식과 사례를 자유롭게 공유한다.

개념을 단순하게 이해하고 직접 적용해 보며 효과를 체감하는 것이 중요하다. 우리가 제시하는 방식을 통해 성과를 체감한 이후에 더 깊은 실행 체제로 확장할지 선택하면 된다.

지금 필요한 것은 복잡한 체계를 배우는 것이 아니다. 오늘날처럼 변화가 극심한 환경에서 어떤 팀이든 더 유연하고 민첩하게 적응할 수 있도록 돕는 애자일의 핵심 요소들부터 차근차근 도입하는 것이다.

팀십 실천법

진단을 마치고 핵심 행동 수칙을 설정한 후 애자일을 팀십의 새로운 운영체제로 전환하기 위해 다음의 7가지 팀십 실천법이 필요하다.

1. **고객 중심 핵심 과제 작성**

   애자일 팀십의 출발점은 '고객에게 최선의 해결책은 무엇인가?'라는 질문에 대한 답을 정의하는 것이다. 모든 애자일 활동은 고객 중심 관점에서 시작되어야 한다.

2. **스프린트: 복잡한 과제를 작고 단순한 작업 단위로 쪼개기**

스프린트란 하나의 큰 프로젝트를 짧은 주기의 명확한 과제로 나누어 실행하는 실천 방식이다. 복잡한 문제를 단순화하고, 빠른 실행과 반복을 가능하게 한다.

3. **스프린트 아이디어 검증 훈련: 도전 문화의 내재화**

   3장에서 소개한 아이디어 검증 훈련을 스프린트 리뷰 회의와 결합하면 일반적인 애자일 스탠드업 미팅에서는 보기 어려운 솔직하고 거리낌없는 피드백 문화를 형성할 수 있다. 이는 결과물의 품질과 실행력 향상에 기여한다.

4. **비동기 애자일 아이디어 검증 훈련: 글로벌 팀의 시차 극복**

   시간대가 다른 글로벌 팀에게 정기적인 스탠드업 미팅은 현실적인 제약이 있다. 6장에서 설명한 바와 같이, 보고서나 문서를 공유하고 비동기적으로 피드백을 주고받는 방식은 효과적인 아이디어 검증 훈련과 완전한 솔직함을 가능하게 한다.

5. **스프린트 전환 단계의 팀 주도성 강화: 개선을 위한 성찰의 시간 확보**

   각 스프린트 사이의 공백기는 단순한 휴식 시간이 아니다. 팀원 간 솔직한 대화를 통해 다음 사이클의 효율을 높일 수 있는 중요한 개선 기회다. 팀의 성숙도를 높이기 위해 반드시 의도적으로 이 시간을 설계해야 한다.

6. **미래 예측 5분 회의: 조직의 미래 대응력을 높이는 월간 실행 루틴**

매월 단 5분간 구성원들에게 '앞으로 닥칠 수 있는 변화나 위험'에 대해 생각하고 공유하게 하는 실천이다. 이는 조직이 변화에 선제적으로 대응하고 미래 지향적 실행력을 유지하는 데 도움을 준다.

7. **의사결정 체계 정립: 빠르고 강력한 협업을 위한 프로세스**

빠른 의사결정은 명확한 역할과 책임 구조에서 비롯된다. 애자일 팀십에서는 다음 4가지를 분명히 해야 한다. 누가 의사결정 과정을 주도할 것인가, 누가 자문 대상인가, 누가 정보를 공유받을 대상인가, 그리고 궁극적으로 누가 최종 결정을 내릴 것인가.

애자일 진단

1단계: 애자일 운영체제 적용에 대한 논의

애자일 방식으로 일한다는 것은 업무를 짧고 강력한 실행 단위인 스프린트로 나누고, 2주 또는 한 달의 스프린트 주기가 끝날 때마다 팀 내외의 다양한 구성원에게 우리의 진척 상황을 투명하게 공유한다는 의미다. 이를 통해 우리 팀이 공동 목표에 맞춰 제대로 나아가고 있는지 점검할 수 있다.

우리는 정말 놀라운 성과를 내고 있는가? 우리가 놓친 리스크나 새로운 기회, 외부에서 감지된 시장 변화는 없는가? 이 과정을 통해 우리가 더욱 강력하게 도약하고, 본래의 방향을 유지할 수 있도록 도와줄 사람은 누구인가? 목표 달성을 위해 적시에 전환하고 조정하고 있는가? 단순한 분석이나 업무 완료 여부가 아닌 실제 결과와 가시적 성과로 진척도를 측정하고 있는가? 우리가 마주한 어려움을 스스로 그리고 팀원들에게 솔직하게 공유하고 도움을 요청할 수 있는 분위기인가? 다양한 관점을 포괄하고 있는가? 우리는 진정으로 확장된 팀 구성을 실천하며, 전략적 관계 실행 계획이 있고, A·B·C 레벨 협력자들을 모두 초대해 협업하고 있는가?

애자일 팀의 핵심 임무는 '빠르게 혁신하고, 더 큰 고객 가치를 창출하는 것'이다. IBM의 비즈니스 혁신 리더인 마이클 애커바우어Michael Ackerbauer 박사는 IBM이 애자일을 회사 전체에 성공적으로 적용할 수 있었던 배경에는 다음의 단순하지만 강력한 3가지 원칙이 있었다고 말한다.

1. 결과에 대한 명확한 정의
2. 완벽보다 반복
3. 혁신을 이끄는 자율성

　　　　　　　　　7장 더 유연한 애자일 운영 방식

이 원칙들은 모든 리더에게 명확한 시사점을 준다. 각각의 스프린트가 끝날 때마다 우리가 나아갈 공동 목표를 명확히 정해야 한다. 핵심은 완벽함이 아니라 목표를 향해 끊임없이 적응하고 방향을 전환하는 능력이다. 또한 팀 애자일을 실현하기 위해 리더는 세세한 운영을 통제하려 하기보다 팀이 스스로 의사결정을 내릴 수 있도록 방향성과 기대 결과를 명확히 설정하는 데 시간을 더 할애해야 한다.

팀 애자일을 제대로 적용하는 리더십이란 통제력을 포기하는 것이 아니다. 통제 방식을 현대화하는 것이다.

2단계: 진단 질문

모든 팀원은 다음 질문에 대해 1점에서 5점까지 점수를 매긴다.

> **1** 전혀 그렇지 않다　**2** 그렇지 않다　**3** 보통이다　**4** 그렇다　**5** 매우 그렇다

···→ 우리는 애자일 원칙을 업무 방식에 적용하고, 새로운 정보나 상충하는 요구가 있을 때 우선순위를 반복적으로 조정하며 유연하게 대응하고 있는가?

이 설문은 팀의 신뢰를 받는 중립적인 구성원이 주관해야 하며, 각자의 응답은 익명으로 수집한다. 온라인 설문 도구를 사용

하거나 페라지 그린라이트 웹사이트에 있는 진단 도구를 활용할
수 있다.

핵심 행동 수칙과 실행 점검 미팅

애자일을 팀의 새로운 운영체제로 전환할 때 적용되는 간단한
핵심 행동 수칙은 다음과 같다. "우리 팀의 운영체제는 애자일이
다." 이 전환을 위한 팀십 실천법들을 일정 기간 실험한 후 약 한
달 이내에 실행 점검 미팅을 한 차례 실시하고 이후에도 정기적
으로 반복한다. 이를 통해 변화가 어디서 어긋나고 있는지 짚어
보고 새로운 행동 약속이 제대로 실천되고 있는지, 팀십의 실행
방식이 실제로 정착되고 있는지 점검할 수 있다.

팀십 실천법 ⑱ 고객 중심 핵심 과제 작성

애자일 프로세스는 언제나 하나의 명확한 목적에서 시작되며,
그 목적은 곧 고객 중심의 문제 해결이다. 애자일 선언문의 첫
문장은 다음과 같다. "고객 만족이 가장 높은 우선순위다." IBM
의 크리슈나 CEO가 강조한 것도 이와 같다. 고객의 니즈에 따라
조직 전체가 일관된 방식으로 문제를 해결할 수 있어야지, 각 부
서마다 다른 접근을 해서는 안 된다는 것이다. 여기서 말하는 고
객 중심이란 외부 고객뿐 아니라 내부 이해관계자까지 포함한

개념이다. 고객 중심의 시각은 프로젝트 전체의 방향성과 팀의 정렬을 가능하게 한다. 프로젝트가 어디로 가야 할지, 다음 단계는 무엇인지 불확실할 때 모두가 같은 기준점을 바라볼 수 있도록 해 주는 공동 목표다. 즉, 팀 전체가 하나의 질문을 품게 된다. '고객에게 최선의 해결책은 무엇인가?'

고객 중심의 실행 계획표를 작성할 때는 목표 성과에 대한 명확한 정의가 가장 중요하다.

> ···› 우리는 고객을 위해 정확히 무엇을 달성하고자 하는가?
> ···› 측정 가능한 목표는 무엇인가?
> ···› 작업 범위는 어디까지인가?
> ···› 시간 계획은 어떻게 되는가?

이 과정은 데이터를 참고하는 것은 물론 마케팅, 영업, 고객지원 부서와의 협업을 시작하며 아이디어 검증 훈련을 실시하기에 적합한 시점이기도 하다. 겉보기엔 단순한 과정 같지만 다학제적 팀 내 모든 구성원이 '고객이 누구인지', '그들이 어떤 문제를 겪고 있는지', '어떤 해결책이 현재 그들에게 최선인지'를 명확히 이해하고 있어야 한다.

문제는 일부 부서의 구성원은 고객과 직접적으로 접점이 거의 없다는 것이다. 이 때문에 조직 전체의 시각이 일치하지 않거나 고객에 대한 통합된 이해가 부족할 수 있다. 따라서 프로젝트 초기 단계에서 팀 내부에 목표 성과에 대한 명확성을 형성하는 것이 무엇보다 중요하다. '우리는 누구를 위해 일하는가?' '그들을 더 잘 돕기 위해 우리는 무엇을 할 수 있는가?'

특히 B2B 기업의 경우 이러한 접근을 더 확장할 수 있다. 고객뿐 아니라 협력사, 공급업체 등 외부 이해관계자들과의 관계에서도 중요한 인사이트가 나올 수 있다. 그들과의 관계를 강화하고, 기존에는 교류가 없던 외부 그룹과도 관계를 형성함으로써 새로운 통찰을 얻을 수 있다. 고객은 단순한 외부 수요자가 아니라 '팀 외부의 팀원'으로 생각해야 하며, '확장된 팀 구성'과 '관계 실행 계획'에도 포함되어야 한다. 실제 고객을 아이디어 검증 훈련에 초대해 실질적인 피드백과 인사이트를 얻는 것도 적극 고려해야 한다. 출발점이 고객 중심의 목표라면 고객을 팀 안으로 초대하는 일은 당연한 수순이다.

팀십 실천법 ⑲ 스프린트

IBM이 제시한 애자일 접근 방식의 첫 번째 원칙이 '명확한 목표 성과 정의'와 '고객 중심 실행 계획표 수립'이었다면, 두 번째는 '완벽보다 반복'이다. 성공적인 애자일 실행의 핵심은 수개월

이 걸릴 복잡하고 방대한 프로젝트를 2주에서 1개월 단위로 나눈 간결하고 실천 가능한 작업 단위, 즉 스프린트로 쪼개는 것이다. 이를 통해 작업이 흘러가는 중간중간 팀 전체가 참여하는 아이디어 검증 훈련을 실시할 수 있으며, 그 과정에서 필요한 조정을 빠르게 적용함으로써 프로젝트가 설정한 목표에 꾸준히 근접해 나갈 수 있도록 만든다. 성공적인 스프린트에는 다음과 같은 공통된 특징이 있다.

1. **명확한 실행 계획표**

   고객 중심 실행 계획표가 없다면 팀이 따라야 할 공동 목표 역시 존재하지 않는 셈이다. 이 계획표를 만드는 과정은 곧 스프린트의 출발 신호와 같다. 즉, '스프린트 제로'에서 다양한 부서와 전문 영역이 모여 구성된 크로스펑셔널 팀Cross Functional Team이 모여 실행 계획표의 전제를 검토하고, 누가 무엇을 언제까지 수행할 것인지에 대한 확실한 공감대를 형성하는 단계다.

2. **냉철한 우선순위 설정**

   긴급한 일, 중요한 일, 둘 다에 해당하는 일 사이에는 큰 차이가 있다. 성공적인 애자일 팀은 스프린트 내에서 가장 긴급하고 가치가 높은 작업에 집중하는 능력을 갖추고 있다.

3. 멈추지 않고 전진하기

스프린트 기간 중에는 스탠드업 미팅을 자주 진행한다. 필요하다면 매일 진행할 수도 있으며, 변화의 속도에 따라 조절한다. 이 회의의 목적은 우선순위가 바뀌었는지, 진행 방향을 전환할 필요가 있는지를 빠르게 점검하는 것이다. 프로젝트가 이미 한참 진행된 상태에서도 방향 전환을 주저하지 않는 태도는 애자일의 핵심 원칙 중 하나다. 스탠드업 미팅에서는 다음과 같은 고객 중심 질문을 팀원 각자가 스스로에게 던지게 된다.

⋯▶ 지난 회의 이후 나는 어떤 고객 가치를 창출했는가?

⋯▶ 오늘은 어떤 고객 가치를 창출하기 위해 일하고 있는가?

⋯▶ 고객 가치를 최대한 창출하기 위해서는 어디에서 도움이 필요한가?

이 간단한 업데이트는 팀원 스스로 작업을 할당하고(IBM이 강조하는 자발적 업무 선택self-assignment 원칙), 방해 요인을 파악하고, 필요한 지원을 요청하는 데 목적이 있다.

4. 스프린트 리뷰

스프린트가 끝난 뒤에는 주요 이해관계자들과 함께 초기 계획에 비춰 진행 상황을 검토해야 한다. 이 리뷰의 핵심에는 아이디어 검증 훈련이 포함된다.

팀십 실천법 ⑳ 스프린트 아이디어 검증 훈련

내가 애자일 방법론을 처음 접했을 때 가장 인상 깊었던 개념은 스탠드업 미팅이었다. 이는 팀원들이 짧은 회의에서 자신이 해 낸 일, 현재 겪고 있는 어려움이나 배운 점, 다음 단계에서의 계획을 빠르게 공유하는 방식으로 진행된다. 나는 이 개념을 바탕으로 아이디어 검증 훈련이라는 실천 방법을 도입하게 되었다.

하지만 이 둘 사이에는 중요한 차이가 있다. 스탠드업 미팅은 스프린트 기간 중 애자일 팀 내부에서만 진행되며 일상적인 점검의 성격이 강한 반면, 스프린트 아이디어 검증 훈련은 성과 점검 주기가 종료되는 시점에 이해관계자 전체를 대상으로 진행된다는 점에서 훨씬 더 전략적이다. 이 리뷰에서 핵심적인 피드백 제공자는 고객이거나 고객을 대변할 수 있는 인물들이다.

스프린트 리뷰에 아이디어 검증 훈련을 결합하면 팀은 더욱 높은 수준의 도전 문화와 정직한 피드백 문화를 형성할 수 있게 된다. 이는 일반적인 스탠드업 미팅에서는 보기 힘든 수준의 투명성과 용기를 요구하는 과정이다.

팀십 실천법 ㉑ 비동기 애자일 아이디어 검증 훈련

글로벌 소비재 제조 기업 중 한 곳은 수년간 애자일을 도입해 왔지만, 전 세계에 분산되어 있는 팀들의 시차를 고려해 스탠드업 미팅을 정기적으로 진행하는 데 어려움을 겪고 있었다. 이들은 6장에서 소개한 비동기 아이디어 검증 훈련 방식을 도입했다. 각 스프린트 리더는 스프린트가 끝나는 시점에 짧은 영상 보고서를 제작해 팀원들과 주요 이해관계자에게 배포했고, 동시에 의견을 남길 수 있는 공유 문서를 제공했다. 이를 통해 팀원들은 시간과 장소에 구애받지 않고 더 깊이 있고 솔직한 피드백을 나눌 수 있었다.

이러한 방식은 다음과 같은 추가적인 이점이 있다. 아이디어 검증 훈련 결과를 팀 내부뿐만 아니라 외부 이해관계자들과도 공유함으로써 조직 내 지식의 확산과 학습이 가능해진다. 그에 따라 팀이 프로젝트 진행 과정에서 얻은 교훈, 아이디어, 해결 방식들을 조직 전체가 공유하며 일관성과 협업의 기반을 더욱 강화할 수 있다. 이는 복잡한 매트릭스 조직 내에서 지식 전파와 조직 전체의 전략적 조율을 가능하게 하는 매우 실용적인 방법이다.

팀십 실천법 ㉒ 스프린트 전환 단계의 팀 주도성 강화

스프린트 기간 동안 우리는 무엇을 배웠는가? 우리가 수행한 일과 목표 간의 간극, 그리고 고객의 니즈를 비교해 보았을 때 다음번에는 무엇을 다르게 해야 할까? 우리는 지금 올바른 일에 집중하고 있는가? 완료하지 못한 과제는 무엇이며, 우선순위에서 밀려 후순위 작업 목록에 남은 일은 무엇인가?

스프린트와 스프린트 사이의 기간은 다음 실행 주기를 준비하며 팀 내부의 솔직한 대화를 나눌 수 있는 절호의 기회다. 우리의 업무 방식은 효과적으로 작동하고 있는가? 혹은 방식 자체에 개선이 필요한가? 이러한 자발적인 질문과 논의는 팀이 주도적으로 역량을 끌어올릴 수 있도록 해 준다. 누군가 외부에서 일일이 챙기지 않더라도 팀은 스스로 책임감을 갖고 더 나은 성과를 위해 변화할 수 있다.

이처럼 구성원 간 솔직한 피드백과 성찰을 구조적으로 내재화하는 것은 팀십의 핵심 원칙 중 하나인 '동료 간 책임'을 실천하는 방식이다. 스프린트 기간 중의 모든 스탠드업 미팅과 검토 시점에서 반복적으로 물어야 할 질문은 다음과 같다.

⋯→ 이 프로젝트는 어떻게 더 나아질 수 있을까?
⋯→ 어떻게 하면 더 큰 가치를 창출할 수 있을까?
⋯→ 고객을 위해 우리가 더 잘할 수 있는 일은 무엇일까?

더 나은 솔루션으로 전환하는 것은 항상 옳은 선택이며, 궁극적으로 고객의 성공을 위한 최선의 길이다.

한편 리더의 역할은 팀의 업무를 세세히 관리하는 것이 아니다. 그 대신 스프린트 종료 시점에서 다음과 같은 전략적이고 성찰적인 질문을 던지는 것이 중요하다.

→ 지난 2주 동안 우리는 어떤 성과를 이루었는가?

→ 어려움을 겪은 부분과 그 원인은 무엇인가?

→ 외부 환경이나 내부 상황 중 변화된 요소는 무엇인가?

→ 전략적 방향 전환이 필요한가?

→ 다음 스프린트에서는 무엇을 달성할 것인가?

→ 이번 스프린트의 결과는 어떻게 측정할 수 있는가?

이러한 성찰과 점검의 목적은 다음 스프린트에서 고객 성과를 더 끌어올리고, 우리의 행동 방식과 업무 프로세스를 개선하는 데 있다.

팀십 실천법 ㉓ 미래 예측 5분 회의

우리의 연구에 따르면 포춘 500대 기업 중 팀 차원에서 정기적이고 조직적으로 '미래 예측을 위한 사고'를 실천하는 곳은 단 25%에 불과하다. 대부분은 위기를 조기에 포착하거나 도약의 기회를 발견할 수 있는 체계적인 사고 훈련이 부족한 상태다.

미래 예측이란 조직이 예기치 못한 리스크를 피하고, 예상치 못한 성장 기회를 발견하기 위해 새로운 돌파구를 체계적으로 탐색하는 능력을 뜻한다. 이 능력을 길러 주는 간단하면서도 강력한 실천 방법이 있다. 바로 '미래 예측 5분 회의'다. 이는 다음의 세 단계로 구성된다.

1. 월간 회의의 일부 시간을 '미래 예측 5분'으로 고정한다. 그리고 팀 구성원 각자에게 고유한 관점에서 리스크와 기회를 지속적으로 모니터링하는 역할을 부여한다. 예를 들어 한 사람은 고객 행동의 변화를 관찰하고, 또 다른 사람은 기술 변화를 담당한다. 혹은 거시경제 환경이나 경쟁사 동향, 정책 변화 등도 주요 관점이 될 수 있다. 가까운 미래에는 AI가 이러한 관점을 맡게 될 수도 있다.

2. "지금 분석 단계로 옮겨야 할 리스크나 기회는 무엇인가?"라는 질문을 던진다. 이는 단순한 정보 수집을 넘어 전략적 논의를 시작할 주제를 선별하는 과정이다.

3. 구성원들은 각자의 답을 공유한다. 회의에서 구두로 공유해도 되지만 더 효과적인 방식은 사전에 공동 문서에 내용을 정리해 두는 것이다.

록히드 마틴에서는 2020년 미국 내 팬데믹이 본격화되기 직전에 한 구성원이 회의 중 이렇게 말했다. "최근 중국에서 발생한 바이러스에 대한 블로그 글들을 읽고 있는데, 향후 리스크로 떠오를 가능성이 있습니다." 이 말은 곧바로 별도의 리스크 평가 회의로 이어졌고, 이후에는 대응 계획 수립 단계로 옮겨졌다. 결과적으로 이들은 팬데믹이 본격화되기 전인 2월부터 사무실을 철수하고 전면 재택근무 체제로 신속히 전환할 수 있었다.

이처럼 조직 내 구성원들의 집단지성을 활용한 미래 예측 공유는 문제 발생 전에 한발 앞서 대응할 수 있는 전략적 기회를 만들어 준다. 리스크를 조기에 식별하고, 변화의 신호를 체계적으로 관리하는 팀은 빠르게 움직일 수 있다.

팀십 실천법 ㉔ 의사결정 체계 정립

오늘날처럼 급변하는 환경 속에서 팀 단위 의사결정을 빠르게 내리기 위해서는 표준화된 결정 체계가 필수적이다. 동료 간 협업이 활발하다고 해서 모든 결정을 합의해야 한다는 뜻은 아니다. 실제로 '합의 중심의 결정 방식'보다는 '다양하고 폭넓은 의견을 반영하되, 책임 있는 자가 단독 결정을 내리는 방식'이 더 효과적이다. 결국 중요한 것은 최종 결정을 누가 내리는가에 대한 명확한 기준이다.

세계적 수준의 팀들은 구성원 각자의 역할과 의사결정 책임을 명확히 하기 위해 DACI Driver, Approver, Contributor, Informed 같은 프레임워크를 활용한다. 예컨대 아마존에서는 의사결정 과정에서 누가 어떤 역할을 맡는지 공동 문서에 기록해 둔다. 이는 애자일 팀의 논의 과정에서 함께 다뤄져야 할 중요한 요소다.

추진 책임자 Driver

의사결정 과정을 이끌고, 관련된 사람들이 제때 정보를 공유받고 기한 내에 과업이 완료되도록 책임지는 사람이다. 일정을 조율하고 추진력을 확보하는 핵심 역할을 맡는다.

최종 결정권자 Approver

최종적인 의사결정 책임을 가진 사람이다. 프로젝트의 방향을 확정하고 판단의 무게를 감수한다.

기여자 Contributor

의사결정 과정에 실질적으로 기여하는 팀원과 이해관계자들이다. 스탠드업 미팅, 협업 문제 해결 CPS, 아이디어 검증 훈련 등에 참여하며 최종 결정을 뒷받침할 논리와 아이디어를 제공한다.

정보 공유 대상자 Informed

최종 결정의 영향을 받는 구성원들로, 결과에 따라 후속 조치가 필요한 대상이다. 이들은 실제 업무 현장에 가까운 입장에서 위험 요소나 혁신 가능성에 대해 중요한 인사이트를 제공할 수 있으므로 아이디어 검증 훈련 과정에 참여하는 것이 바람직하다.

팀십을 실천하는 조직에서는 리더 한 사람에게 책임이 집중되지 않는다. 최종 결정권자가 반드시 팀 리더일 필요는 없다. 경우에 따라서는 프로젝트의 후원자나 변화 관리 또는 혁신 이니셔티브innovation initiative의 핵심 부서를 이끄는 책임자가 될 수도 있다. 중요한 것은 역할이 명확히 정해져 있고, 구성원 모두가 그 체계를 신뢰하며 따를 수 있도록 만드는 것이다.

민첩하고 유연한 조직으로의 전환점

팀의 행동 방식과 조직 문화를 설계하는 일에 진심인 리더는 극히 드물다. 그렇게 하는 리더는 대부분 제품뿐 아니라 프로세스와 업무 방식까지 꼼꼼하게 설계하는 공학적 사고를 지닌 인물이다. IBM의 CEO 아르빈드 크리슈나처럼 말이다. 이처럼 조직의 작동 방식을 구조화하고 체계적으로 설계하려는 리더는 전체의 약 15%에 불과하지만, 이들은 예외 없이 압도적인 성과를 창출해 낸다.

　대표적인 사례가 드류 휴스턴과 패티 포피다. 전자는 컴퓨터 과학자 출신으로 드롭박스를 창업했으며, 후자는 산업공학자로 에너지 업계에서 뛰어난 리더십을 발휘하고 있다. 이들이 보여 준 공통점은 단순히 기술이나 제품을 잘 아는 것을 넘어 조직 전체의 일하는 방식을 엔지니어링한다는 데에 있다.

　IBM의 크리슈나가 보여 준 것처럼 이제 애자일은 더 이상 IT 부서만을 위한 프로젝트 관리 방식이 아니다. 애자일은 불확실한 시대에 모든 팀이 민첩하게 적응하고 진화해 나가기 위한 필수 운영 시스템이 되었다. 다시 말해, 애자일은 선택이 아니라 생존과 성장을 위한 기반이 된 것이다.

성과를 높이는
칭찬과 인정의 힘

우리는 서로의 성과를 함께 축하한다.

새로운 직장에서 일을 시작하는 첫날이 축하하기 가장 어려운 시기라면 어떨까. 캐롤 클레먼츠Carol Clements의 첫 출근일이 바로 그랬다. 그녀가 제트블루JetBlue Airways의 최고디지털·기술책임자로 합류한 것은 코로나19 팬데믹 한가운데일 때였다. 당시 회사는 항공기 70대를 사막에 멈춰 세운 상태였다. 그럼에도 저가 항공사인 제트블루는 미국 시장점유율 5%에서 더 성장하겠다는 야심 찬 계획을 갖고 있었다.

클레먼츠의 메일함에는 직원 참여 설문 결과가 도착해 있었다. 거기에는 IT 부서 구성원들이 느끼는 사기 저하, 피로감, 인

8장 성과를 높이는 칭찬과 인정의 힘

정 부족에 대한 목소리가 담겨 있었다. 많은 조직이 흔히 겪는 문제이지만, 코로나라는 특수한 환경 속에서 더욱 증폭되어 있었다. 클레먼츠의 팀은 회사가 자신들의 기여를 충분히 이해하지도, 알아주지도 않는다고 느끼고 있었다. 중요한 일을 하지만 '보이지 않는 곳'에 있는, 그녀의 표현을 빌리자면 마치 '블랙박스' 같은 존재였다는 뜻이다. 아무것도 하지 않는 것은 선택지가 될 수 없었다.

팬데믹 초기에 많은 기술 리더들이 그랬듯이, 클레먼츠와 그녀의 팀 역시 전례 없이 빠른 속도로 회사가 생존할 수 있는 기술을 만들어야 하는 압박 속에 놓여 있었다. 전 세계 모든 사람들이 지치고, 좌절하고, 불안에 떨고 있었다. 하지만 클레먼츠는 사우스웨스트항공에서의 항공 산업 경험과 비非항공 산업인 피자헛의 최고기술책임자CTO로서의 경험을 통해 중요한 교훈을 이미 알고 있었다. 기술 혁신을 추진하기 전에 자신의 팀에 연료부터 채워 넣어야 한다는 것이었다. 그래야 제트블루가 팬데믹을 버티고 그 너머의 성공을 준비할 수 있었다.

그녀는 최고책임자가 응원과 지지를 보여 주는 것만으로는 충분하지 않다는 것을 알고 있었다. 그것은 보다 풍부하고, 깊이 있고, 현장에서 직접 보이고 체감되는 방식으로 이뤄져야 했다. 클레먼츠는 말한다. "IT 조직에서는 흔히 있는 일이지만, 우리 팀은 자신들이 회사 전체의 큰 그림에서 어떤 기여를 하고 있는지 잘 모르고 있었어요. 역설적이지만 그건 좋은 소식이었어요. 왜냐하면 그 이야기는 비교적 쉽게 풀어 갈 수 있는 주제거든요."

리더가 팀 내에서 피드백을 주고받는 새로운 행동 약속을 만드는 것처럼, 클레먼츠는 팀의 탁월한 성과를 조직 전체에 알리는 집단적 노력이 필요하다는 걸 직감했다. 그녀는 이 문제를 제트블루의 임원진과 논의했고, 이후 타 부서 파트너들에게 개별적으로 다가가 이렇게 요청했다. "우리의 핵심 인력에게 직접 말해 주세요. '당신 덕분에 제트블루가 전략적으로 나아갈 수 있습니다. 정말 감사합니다'라고요."

이 접근은 큰 차이를 만들어 냈다. 팀원들은 이제 자신의 일이 단지 내부 동료들을 위한 것이 아니라 고객을 위한 일이기도 하다는 사실을 느끼기 시작했다. "아, 나는 단지 상사가 원하는 일을 해서 그 사람만 만족시키는 게 아니었어. 이 일은 우리 2만 5천 명의 모든 승무원과 제트블루를 이용하는 고객 모두에게 진짜 중요한 일이구나. 사람들이 우리 일을 알아봐 주고 있어!" 그 움직임은 빠르게 확산되었고, 팀에 연료를 채워 넣는 그 시점은 더없이 중요한 순간이었다. 몇 달간의 일시적 침체로 여겨지던 상황이 수년에 걸친 세계적 위기로 이어졌고, 기술 인재 확보에도 큰 위기를 불러왔다.

클레먼츠는 IT 조직 내부에 보다 긴밀한 축하와 인정의 문화를 만들어 가기 시작했다. 그것이야말로 높은 업무 부담과 스트레스 속에서도 운영을 성공적으로 이끌 수 있는 핵심이라고 믿었다. 변화는 채용 과정에서부터 시작되었다. 그녀는 온보딩onboarding, 신규 입사자 환영 및 적응 과정 중에 다음 2가지 질문을 던지고, 그 답변을 해당 구성원의 팀 전체와 공유한다.

⋯→ 당신을 움직이게 만드는 동기는 무엇인가요?
⋯→ 어떻게 인정받을 때 가장 기분이 좋나요?

클레먼츠는 말한다. "팀 전체가 서로에 대해 알아야 한다고 생각해요. 무엇이 동료를 아침마다 침대에서 일어나게 만드는지, 어떤 방식으로 인정받을 때 본인이 소중하다고 느끼는지. 이 질문을 통해 자연스럽게 팀에 대화가 생겨나고, 신입 구성원과의 연결도 빨라지죠." 그녀는 그 후 팀원들에게 서로의 성향에 맞춰 인정하고 격려하는 데 신경 써 달라고 당부한다.

이것은 인사팀에 공식적으로 보고서를 넘기는 식의 절차가 아니다. 클레먼츠는 이러한 질문들에 대한 답을 리더십 팀이 기억하도록 했고, 스스로 이를 실천하면서 다른 이들에게 본보기를 보여 주는 일종의 코칭 형태로 강조한다. 예를 들어 어떤 팀원에게는 제트블루의 고위 리더들이 참석한 자리에서 동료들이 지켜보는 가운데 박수를 받는 공개적인 인정이 큰 힘이 된다. 반대로 누군가는 조용하고 사적인 방식의 축하를 선호한다. 클레먼츠는 이렇게 말했다.

"특히 한 리더는 정말 겸손한 사람이라 관심받는 걸 원치 않아요. 오히려 자기 팀이 스포트라이트를 받는 걸 좋아하죠. 그런데 저는 그 리더가 가끔은 앞에 나서서 직접 인정받는 것도 팀에게 큰 영향을 줄 수 있다고 생각해요. 그래서 가끔은 그녀를 편안한 범위 밖으로 조금 밀어내려고 하죠. 그녀가 마땅히 받아야 할 인정을 받을 수 있도록요."

제트블루의 내부 데이터는 이러한 축하와 인정 문화가 기술 인재 유지에 상당한 영향을 미쳤음을 보여 준다. 2021년 대비 자발적 퇴사는 40% 감소하며 최근 5년 중 가장 낮은 수준을 기록했고, 아까운 인재 이탈률도 같은 기간 동안 65%나 줄어들었다. 직원 설문조사에서도 '인정'은 참여도를 떨어뜨리는 요소에서 오히려 참여를 촉진하는 요인으로 변화했다.

클레먼츠는 말한다. "우리는 올바른 방향으로 나아가고 있어요. 물론 아직 할 일은 많아요. 저는 지금도 자랑스럽지만, 완전히 만족한 적은 한 번도 없어요. 우리 IT 조직을 더 잘 지원할 수 있는 기회는 언제나 있으니까요."

레이스의 모든 구간에서 박수를 보내자

우리의 연구에 따르면 팀들은 충분히 축하하지 않는다. 특히 기업가나 리더들은 자기 자신에게도, 타인에게도 엄격한 경향이 있다. 늘 다음 목표를 향해 팀을 몰아붙이는 것이다. 그러나 이같은 분위기 속에서 사람들이 조직을 떠나는 가장 큰 이유는 '인정받지 못해서'였다. 실제로 이직자 중 79%가 이를 퇴사 이유로 꼽았고, 40%는 "직장에서 한 번도 인정받지 못했다"고 답했다. 심지어 관리자 중 절반은 스스로도 성과 인정을 제대로 하지 못하고 있다고 인정했다. 일터를 마라톤에 비유해 보자. 결승선을 통과하는 순간에만 박수를 보내는 것이 아니라, 주자가 레이스를 뛰는 내내 박수 치고 격려하며 에너지를 불어넣어야 하지 않을까?

리더들이 자주 묻는 질문이 있다. "성과가 부족한 사람도 축하해야 하나요?" 정답은 '그렇다'이다. 어려움을 겪고 있을 때 축하받지 못하면 더 위축되고 에너지를 잃는다. 결국 기대 이하의 성과가 반복될 가능성이 크다. 높은 기대와 축하는 상반되지 않는다. 목표에 도달하지 못했더라도 그 과정에서의 작은 진전과 노력을 축하하는 것은 가능하다. 그리고 진정한 변화는 팀 전체가 어려움을 겪는 동료를 함께 격려하고, 그가 해낸 일과 해낼 수 있는 잠재력을 축하할 때 시작된다.

혼자 리드하지 마라

리더는 가끔 이렇게 생각할 수 있다. "지금 축하하면 흐트러지지 않을까?" 하지만 꼭 기억하자. 마라톤 주자에게는 달리는 내내 박수가 필요하다. 특히 아직 성장 중인 젊은 팀원들에게는 더욱 그렇다. 지금 제대로 가고 있는지, 성장하고 있는지를 느끼게 해 주는 축하는 동력을 만들어 낸다.

팀십 실천법

팀의 상황을 진단하고 핵심 행동 수칙을 정했다면 이제 칭찬이 드문 문화를 팀원들이 서로 축하하고 인정하는 문화로 바꾸기 위해 5가지 실천법과 하나의 진단 도구를 활용할 수 있다. 실천법은 회의 중 즉흥적으로 실행할 수 있는 행동, 매 회의마다 적용할 수 있는 습관, 그리고 주간·월간 주기로 반복되는 인식과 축하 활동으로 구성되어 있다. 궁극적으로 팀 문화에 자연스러운 축하의 리듬을 심어 주는 것이 목표다.

1. **칭찬 씨앗 심기**: 성과에 대한 축하와 인정의 말이 간접적인 경로로 당사자에게 전해지도록 일부러 주변에 흘려보내는 실천이다. 즉흥적이면서도 의도적으로 칭찬을 퍼뜨

려서 결국 당사자가 그 말을 전해 듣게 만드는 방법이다.

2. **감사 나눔**: 회의가 끝날 때마다 잠시 긍정적으로 성찰하고 함께한 동료들에게 감사 인사를 전하는 습관적 실천이다.

3. **주간 성과 나누기**: 매주 팀 차원에서 한 주 동안의 주요 성과나 기여를 함께 공유하고 축하하는 정기 활동이다.

4. **동료 간 축하 릴레이**: 매월 한 번씩 팀원들이 돌아가며 동료의 기여를 축하하고 고마움을 전하는 릴레이 형식의 실천이다.

5. **공식적인 축하 시간**: 리더가 중심이 되어 팀과 개인의 성과를 공식적으로 인정하고 축하하는 월례 행사다. 팀 전체가 모인 자리에서 정기적으로 진행된다.

축하 진단

1단계: 동료 간 축하와 인정에 대한 논의

먼저 팀원들과 함께 '우리 팀은 서로의 성과를 꾸준히 축하하고 격려하는 문화가 자리 잡고 있는가?'라는 질문을 놓고 자유롭게 이야기해 본다. 팀을 이끄는 리더가 자기 자신에게 엄격할수록 팀원들도 자신이나 동료에게 칭찬을 아끼는 경향이 있다. 이러한 팀은 대개 아직 이루지 못한 일에 집중하고 이미 이룬 일은 간과한다. 반면에 인정과 축하 문화를 잘 실천하는 팀의 대표적인 예는 최고의 영업팀들이다. 이들은 작든 크든 모든 성과를 함께 축하하며 팀의 사기를 끌어올리는 데 능숙하다.

2단계: 진단 질문

모든 팀원은 다음 질문에 대해 1점에서 5점까지 점수를 매긴다.

1 전혀 그렇지 않다	**2** 그렇지 않다	**3** 보통이다	**4** 그렇다	**5** 매우 그렇다

⋯➔ 모든 팀원은 서로의 성공을 격려하고 축하하는가?

이 설문은 팀의 신뢰를 받는 중립적인 구성원이 주관해야 하며, 각자의 응답은 익명으로 수집한다. 온라인 설문 도구를 사용하거나 페라지 그린라이트 웹사이트에 있는 진단 도구를 활용할 수 있다.

핵심 행동 수칙과 실행 점검 미팅

팀에 축하와 인정 문화를 정착시키기 위해 핵심 행동 수칙으로 "우리는 서로의 성과를 함께 축하한다"라는 행동 원칙을 세운다. 이 원칙을 도입한 후 한 달 내에 곧바로 실행 점검 미팅을 갖고, 이후에도 정기적으로 점검 시간을 갖는 것이 중요하다. 이 시간에는 새로운 행동 약속이 제대로 지켜지고 있는지, 그리고 앞서 정한 팀십 실천법들이 팀에 잘 정착되고 있는지 함께 확인한다. 이러한 과정을 거쳐야 축하와 인정의 노력이 일회성 캠페인으로 끝나지 않고 꾸준히 지속될 수 있다.

팀십 실천법 ㉕ 칭찬 씨앗 심기

리더가 팀원 개개인에게 직접 칭찬을 전하는 것도 좋지만 그보다 더 효과적인 방식이 있다. 그 팀원이 가장 신뢰하는 사람을 통해 칭찬이 우회적으로 전해지도록 설계하는 것이다. 동료나 직속 상사, 심지어 가족까지도 칭찬을 전달하는 매개가 될 수 있다.

페라지 그린라이트에서 프랭크 콘지우라는 뛰어난 인재와 함께 일한 적이 있다. 나는 그가 우리 팀에 얼마나 귀중한 사람인지 평소 여러 방식으로 표현해 왔다. 어느 날 저녁 식사 자리에서 그의 아버지의 건강이 좋지 않고 가족 간 소통도 원활하지 않다는 이야기를 듣게 되었다. 그날 바로 프랭크의 아버지에게 전화를 걸었고, 전화 연결이 되지 않아 음성 메시지를 남겼다.

"콘지우 씨, 저는 키이스 페라지입니다. 귀하의 아드님이 저희 회사에서 일하고 있습니다. 이렇게 전화드리는 것을 아드님은 모르며, 이 말씀을 꼭 전하고 싶었습니다. 프랭크는 정말 탁월한 인재입니다. 그는 경력 많은 동료들을 능가하는 성과를 내고 있습니다. 그런 아드님을 키우신 당신께 깊이 감사드립니다."

며칠 후 프랭크의 아버지는 눈물을 글썽이며 내가 남긴 메시지에 대해 프랭크에게 이야기했다고 한다. 프랭크는 그때까지 한 번도 아버지에게서 그런 칭찬을 직접 들어 본 적이 없다고 말했다. 그로부터 몇 년이 지나 프랭크의 아버지가 세상을 떠났는데, 아버지의 휴대전화에 내가 남긴 음성 메시지가 저장되어 있었고, 프랭크는 아버지가 그 메시지를 자주 들었다는 사실을 알게 되었다.

이 일화에서 볼 수 있듯이 칭찬 씨앗 심기는 단순히 성과를 인정하는 것을 넘어 상대의 마음 깊은 곳까지 울리는 힘을 가진 실천이다. 축하와 인정은 꼭 공식적인 자리에서만 이뤄져야 하는 것은 아니다. 오히려 진심 어린 칭찬이 상대에게 가장 소중한 관계를 통해 전달될 때 그 효과는 훨씬 커진다.

팀십 실천법 ㉖ 감사 나눔

감사 나눔은 회의를 마무리할 때 긍정적인 분위기를 조성하고, 함께한 시간에 대한 감사를 표현하기 위한 실천이다. 이는 회의를 긍정적인 에너지로 끝맺도록 도와준다.

방식은 간단하다. 회의가 끝날 때 구성원들이 돌아가며 방금 이 회의에서 감사하게 느낀 점을 하나씩 말하는 것이다. 이렇게 안내하면 좋다. "한 시간 전 이 방에 들어왔을 때와 지금을 비교해 볼 때, 지금 가장 감사하게 느끼는 것은 무엇인가요?" 이 실천은 특별한 용기나 리더십 없이도 누구나 자연스럽게 참여할 수 있다.

팀십 실천법 ❷ 주간 성과 나누기

주간 성과 나누기는 매주 팀 회의에서 각자의 성과나 협업 사례를 공유하는 실천이다. 어느 세일즈 팀에서 배운 아주 간단한 방법인데, 그 주의 주요한 성과와 전략적인 시도, 또는 부서 간 협업이 빛난 사례 등을 공유하며 서로를 격려하는 방식이다. 단지 누군가를 칭찬하는 데서 그치지 않고, 우리가 조직 내에서 더 자주 보고 싶은 행동이나 태도를 강조하는 기회가 된다. 예를 들어 고객 중심 사고, 부서 간 협업, 자발적 실행력 등이 해당된다.

팀십 실천법 ❷ 동료 간 축하 릴레이

동료 간 축하 릴레이는 한 달에 한 번, 팀원들이 돌아가며 동료의 기여에 감사를 표현하는 실천이다. 구체적인 사례를 중심으로 고마움과 존중을 표현하며 앞서 합의한 새로운 행동 약속을 자연스럽게 되새기게 된다. 동료 간 축하 릴레이를 진행하는 방법은 다음과 같다.

시간 확보하기

회의 안건에 축하 릴레이 시간을 미리 포함해 둔다. 그래야 팀원들도 사전에 생각을 정리하고, 필요하면 자신이 속한 팀원들에게 추천을 받을 수도 있다. 인원수에 따라 각자 1~2분씩 이야기하고, 연습 시간이 필요하면 2~3분 정도 추가로 확보하는 것이 좋다.

취지 설명하기

이 실천이 단순히 칭찬하는 시간이 아니라 함께 일하는 동료의 기여에 대해 감사함을 전하고, 서로 간에 신뢰를 쌓는 기회임을 강조한다. 개인적인 고마움과 업무적 기여가 자연스럽게 섞여도 괜찮다.

조용한 성찰 시간 갖기

바로 이야기를 시작하는 대신 1분 정도 시간을 두고 조용히 생각할 수 있도록 유도한다. 팀원들에게 다음 질문을 던져 스스로에게 물어보게 한다.

⋯▸ 나는 누구에게 감사한가?

⋯▸ 무엇 때문에 그 사람에게 고마움을 느끼는가?

⋯▸ 그 사람은 나 또는 팀에 어떤 긍정적인 영향을 주었는가?

이 시간을 갖고 나면 발표 차례가 되었을 때 무슨 말을 해야 할지 고민하느라 다른 사람의 이야기를 놓치는 일이 줄어든다.

공유 시작하기

짧은 성찰 시간 후 리더가 먼저 감사의 메시지를 공유하며 전체적인 톤과 깊이의 기준을 보여 준다. 다음은 그 예시다.

"이번 주에 모니카가 클라우드 기반 신제품 마케팅 전략을 함께 고민해 줘서 정말 고마웠어. 나는 개발자 출신이라 마케팅 언어와 포지셔닝에는 자신이 없는데 바쁜 일정 속에서도 그녀가 두 시간을 내어 자리를 함께했고, 그날 논의한 내용을 통해 실제 론칭 전략에 바로 적용할 수 있는 통찰을 얻었어. 그날 얘기하다가 모니카와 그녀 팀 몇 명이 일요일 저녁마다 같이 달리기를 한다는 것도 알게 됐어. 이제 나도 그 모임에 참여할 수 있을 것 같아. 정말 고마워, 모니카. 너의 파트너십이 큰 힘이 되었어."

이처럼 구체적인 사례를 바탕으로 감사를 표현하면 축하와 인정의 문화가 일회성이 아닌 팀의 습관으로 자리 잡을 수 있다. 다음은 형식적인 칭찬을 피하기 위한 몇 가지 원칙이다.

⋯▶ 형식적인 말은 피하자. 고마움을 표현할 때는 구체적인 사례와 이야기로 진정성을 담는 것이 중요하다. 이렇게 하면 반

복적인 표현을 막을 수 있고, 공유 시간이 훨씬 풍부해진다.

⋯→ 긍정적 영향을 설명하자. 그 사람이 어떻게 긍정적인 영향을 주었는지 구체적으로 말하면 단순한 감사 표현을 넘어 다른 팀원들에게도 좋은 배움이 된다.

⋯→ 방해하지 말자. 누군가가 감사의 말을 하고 있을 때는 그 시간을 온전히 존중해야 한다. 질문은 피하고 의견이 있다면 발표가 끝난 뒤에 짧고 긍정적으로 전하는 것이 좋다.

⋯→ 성장을 인정하자. 팀원들이 서로의 책임감 있는 행동이나 성장을 알아보며 감사할 수 있도록 유도하자. 이는 팀 내 새로운 행동 규범이 뿌리내리는 데에도 도움이 된다.

팀십 실천법 ❷❾ 공식적인 축하 시간

매달 리더가 중심이 되어 팀원들의 노력과 성과를 축하하는 시간도 매우 중요하다. 이는 '무엇이 좋은 성과인가', '무엇을 축하할 만한 일로 볼 것인가', '어떤 행동이 다른 이들의 본보기가 되는가'에 대해 팀 내 기준을 세우는 데 도움이 된다. 공식 축하 시간은 단순한 격려를 넘어 팀 전체가 지향해야 할 방향을 다시 확인하는 계기가 된다.

우리 모두는 타인의 인정과 확신이 필요하다

"저는 지금까지 3만 5천 번이 넘는 인터뷰를 진행해 왔어요. 그런데 촬영이 끝나면, 정말 예외 없이 모든 사람이 저를 돌아보며 꼭 묻는 말이 있어요. '제가 괜찮게 했나요?'라고요." 오프라 윈프리가 한 이야기다. "그 질문은 조지 부시 대통령에게서도, 버락 오바마 대통령에게서도 들었고, 영웅도, 평범한 가정주부도, 심지어는 범죄의 피해자와 가해자에게서도 들었어요. 그리고 비욘세조차도 그녀답게 같은 질문을 했죠."

이는 우리 모두에게, 지위의 높고 낮음이나 역할의 크고 작음에 관계없이, 타인의 인정과 확신이 필요하다는 사실을 보여 준다. 우리는 모두 축하받고, 인정받고 싶어 한다. 행동경제학자인 댄 애리얼리Dan Ariely는 이렇게 말한 바 있다. "공개적인 인정은 금전적 보상보다 더 강력한 동기부여가 됩니다."

우리 팀이 축하와 인정을 충분히 활용하고 있는지 되돌아보자. 그리고 이를 더 자주, 더 풍성하게 실천할 수 있도록 만들자. 우리는 모두 인정받아야 할 이유가 있고, 서로를 축하할 수 있는 순간을 충분히 만들어 낼 수 있다.

9장

포용을 넘어
소속감으로 완성되는 팀

핵심 행동 수칙:

우리는 다양한 사람과 다양한 목소리가
혁신적 성과를 만든다고 믿는다.

2023년 1월 세계경제포럼 초청으로 스위스 제네바를 방문해 전 세계 주요 기업의 리더와 고위 정치인들을 대상으로 다양성Diversity, 형평성Equity, 포용Inclusion, 즉 DEI에 관한 두 차례 세션을 진행했다. 그 자리에서 나는 그들에게 아주 단순한 질문을 던졌다. "당신이 6개월 동안 DEI의 모범이 될 팀을 직접 코칭한다면, 가장 먼저 무엇을 하겠습니까?"

기업 차원의 인사 전략이나 제도에 초점을 맞춘 DEI 실천은 그동안 많이 논의돼 왔다. 인종, 성별, 배경 등 다양한 집단이 조직을 균형 있게 대표하는 일, 공정성을 높이기 위한 노력은 물론 중요한 과제다. 하지만 하나의 팀 안에서 다양성, 형평성, 포용이 어떻게 실현되고 상호 작용하는지에 대해서는 여전히 충분히 다뤄지지 않았다. 제네바에서 만난 리더들의 답변, 그리고 DEI를 진지하게 고민해 온 여러 리더들과의 대화를 통해 우리는 다음과 같은 팀 행동의 전환이 중요하다는 결론에 이르렀다.

포용

3장(완전한 솔직함), 6장(협업과 공동 창조), 7장(애자일), 그리고 이어질 전문성 개발에 관한 장에서 다루는 팀십 실천법들은 모두 구성원 각자의 목소리가 최대한 존중되고 반영될 수 있도록 설계된 '포용의 실천'이다. 두 차례 최고인사책임자를 지냈고, 여러 기업의 기술 자문이자 이사회 멤버로 활동 중인 모니카 풀 녹스Monica Pool Knox는 이렇게 말한다. "팀이 서로의 고유한 경험과 관점을 의식적으로 찾고, 인정하고, 잘 활용하며, 나아가 그것을 즐길 줄 아는 태도를 가져야 해요." 그녀는 덧붙인다. "우리가 서로 다른 점을 분명히 인식하고 그 차이를 기꺼이 마주할 때 비로소 혁신적인 아이디어가 나오고, 익숙한 사고방식이 도전받으며 기존에 없던 방식의 제품, 프로세스, 고객 신뢰가 탄생할 수 있습니다."

혼자 리드하지 마라

소속감

4장에서 보았듯 탁월한 팀은 긴밀하게 연결된 상호 관계를 강화하는 데 적극적으로 투자한다. 5장에서 다룬 회복 탄력성과 마찬가지로, 팀원들 사이에서 합의한 '서로를 돕는다'는 공동의 약속과 실천이 깊은 신뢰와 소속감을 만든다. 이것이 바로 구성원 각자가 '이 팀에 속해 있다'고 느끼는 정서적 안정과 자긍심의 기반이 된다.

다름에 대한 감수성

한 글로벌 기업의 인사책임자인 사만다는 이렇게 말했다. "살다 보면 우리 모두 한 번쯤, 아니 여러 번, '소외된 타자'가 되는 경험을 합니다." 그녀는 다름에 대한 감각을 갖는 것이야말로 진정한 포용의 시작이라고 강조한다. 또 다른 포춘 100대 기업의 리더는 이렇게 덧붙였다. "이제는 글로벌 조직, 글로벌 고객의 시대입니다. 우리가 성공하려면 반드시 타인의 시선과 문화적 관점으로 세상을 바라보려는 노력이 필요합니다."

특권과 장벽

아카마이 테크놀로지스Akamai Technologies*의 포용·다양성·

---

* 미국 본사의 DCN 및 클라우드 보안 전문 기업

참여 부문 부사장 칼릴 스미스Khalil Smith는 이렇게 말했다. "특권은 특정 인구 집단만의 것이 아니고, 장벽 역시 특정 집단에만 국한되지 않습니다. 이 두 요소는 함께 존재할 수 있어요."

팀 안에서 특권과 장벽에 대해 이야기하는 것은 때로 불편할 수 있다. 하지만 서로의 차이와 경험을 진심으로 이해하려는 노력은 더 강한 신뢰 관계와 협업을 만들어 가는 데 반드시 필요하다.

왜 다양성이 중요한가

단순한 진실은 이것이다. 더 큰 포용은 더 큰 성과로 이어진다. 6장에서 다룬 것처럼 더 넓고 다양한 협업 구조로 나아가면 결과도 그만큼 강력해진다.

모니카 풀 녹스는 프리토레이Frito-Lay* 재직 시절 히스패닉 직원 커뮤니티Hispanics for Excellence에서 활동했던 경험을 예로 들었다. 이 그룹은 히스패닉 직원이 상대적으로 적었던 조직 내에서 창의적인 제안을 이끌어 낸 팀이었다. 그녀는 이 그룹이 10억 달러 규모의 브랜드 아이디어를 탄생시킨 과정을 다음과 같이 회상했다.

"당시 우리는 라틴계 소비자의 입맛을 겨냥한 새로운 맛의 감자칩을 만들기 위한 논의를 시작하고 있었어요. 텍사스에 있다 보니 멕시코 남부를 포함한 중남미 출신 구성원들이 가진 미각과 향신료에 대한 선호도가 매우 뚜렷했죠. 그러한 데이터를 기반으로 프리토레이의 식품과학자들이 다양한 중남미식 향신료 조합을 실험했고, 그 결과 할라피뇨 맛 감자칩이 탄생한 거예요. 시장 반응은 정말 폭발적이었어요."

다양성, 포용, 소속감으로의 전환은 조직 안의 모든 인재를 진정으로 포용하고 모든 관점이 존중받는 환경을 만드는 것이다. 그렇게 할 때 더 큰 혁신의 가능성이 열리게 된다. 만약 이런 식의 전환을 하지 않을 경우 우리는 어떤 대가를 치르게 될까? 녹스는 그에 대한 생생한 교훈도 공유했다. 한 조직에서 그녀가 직접 겪은 일이다. 당시 영업팀이 잠재 고객을 대상으로 발표를 진행했다. 발표는 매우 매끄러웠고, 고객은 감사 인사를 전했다. 영업팀은 긍정적인 신호로 해석하고 사무실로 돌아왔다. 그런데 며칠 후, 고객은 경쟁사와 계약하기로 했다고 알려 왔다. 그녀는

* 펩시코PepsiCo의 자회사이자 Lay's, Doritos 등으로 알려진 미국 대표 스낵 제조 기업

이렇게 설명한다.

"해당 영업팀은 백인 중년 남성 4명으로 구성되어 있었고, 그들이 만난 고객사는 백인 여성 2명, 아시아계 여성 1명, 아프리카계 미국인 여성 1명으로 이루어진 팀이었어요. 고객 입장에서는 발표 내용뿐 아니라 그들이 보여 준 방식이 자신들과 맞지 않았다고 느꼈고, 다양성과 관련된 가치를 함께 나누고 있다고 보지도 않았어요. 발표 초반부터 신뢰가 형성되지 않았던 거죠."

더 안타까운 건, 당시 그 조직에는 여성이 이끄는 영업팀이 없었다는 사실이다. 만약 여성이 포함된 팀이었더라면 그 미묘한 기류를 인지하고 더 나은 대응을 할 수 있었을 것이다. 그녀의 말은 오늘날 기업이 왜 다양성을 의식적으로 추구해야 하는지를 분명하게 보여 준다. 단지 형평성의 차원이 아니라 비즈니스 성과와 직결되는 문제라는 점에서다.

제네바에서 진행한 또 다른 세션의 주제는 '향후 7년 안에 성별 임금 격차를 해소할 수 있는 구체적인 실행 전략'이었다. 지금의 속도라면 성평등 실현까지 151년이 걸린다는 보고도 있다. 이는 단순한 숫자가 아니다. 전 세계 대기업 리더 10명 중 9명은 "지금이야말로 다양성이 그 어느 때보다 중요하다"고 말하고 있다. 하지만 우리는 여전히 출발점에 서 있다. 포춘 100대 기업 CEO 가운데 여성은 12%, 다양한 인종적 배경을 가진 리더는

혼자 리드하지 마라

14%에 불과하다. 현실을 있는 그대로 받아들이지 않는 것, 그것 이야말로 가장 확실한 변화의 시작이다.

왜 다양성이 중요한가? 더 나은 해답을 얻기 위해서다. 우리가 살아가는 세상, 우리가 고객으로 삼는 세상과 공생하려면 우리 팀 역시 그 세계를 닮아야 한다. 이 장 후반부에 소개할 '인재 채용과 팀 구성'에 관한 팀십 실천법에서도 휴렛팩커드HP의 CEO 엔리케 로레스Enrique Lores의 말을 인용해 이 점을 다시 강조할 것이다. 다양성은 지금 이 시대 모든 비즈니스의 핵심 사안이다.

팀십 실천법

다양성, 포용, 소속감이라는 가치를 실현하려면 팀 수준에서 구체적인 실천이 필요하다. 다음의 3가지 팀십 실천법은 그 전환을 뒷받침하는 방식이다.

1. **다름의 공유** Otherness
   팀원들이 자신이 '다르다'고 느꼈던 경험을 이야기하는 스토리텔링 활동이다. 낯섦, 소외감, 불편함 같은 감정을 꺼내 놓으며 서로 다른 배경과 관점을 공유하게 된다.

2. **'특권과 장벽' 대화** Privilege and Obstacles

   첫 번째 실천법과 짝을 이루는 활동으로, 팀원들이 돌아가며 자신이 어떤 특권 덕분에 기회를 얻었는지, 그리고 어떤 장벽에 부딪혔는지를 이야기한다. 겉으로 드러나지 않는 사회적 특권과 불평등에 대해 스스로 성찰하는 훈련이기도 하다.

3. **최적의 후보를 위한 보류** Hold for the Right Slate

   팀의 다양성과 역량을 균형 있게 확보하기 위한 간단한 실천으로, 팀에 진정 필요한 사람이 올 때까지 채용을 미루는 것을 말한다.

우리 연구소 역시 이러한 전환 과정에서 여전히 많은 과제가 남아 있다. 지금까지 수집한 진단 데이터는 통계적으로 유의미하지 않으며, 추가 데이터 수집을 계속 진행하고 있다.

핵심 행동 수칙과 실행 점검 미팅

다양성, 포용, 소속감을 위한 기본 전제는 다음과 같다. "우리는 다양한 사람과 다양한 목소리가 혁신적 성과를 만든다고 믿는다." 이것이 말뿐인 원칙이 되지 않도록 실천 이후 한 달 안에 실행 점검 미팅을 갖고, 이후에도 정기적으로 반복하는 것이 중요하다. 이 시간은 팀 내에서 어디서부터 잘못되었는지 돌아보고, 새롭게 약속한 행동이 실제로 지켜지고 있는지를 확인하는 자리다.

팀십 실천법 ㉚ 다름의 공유

HP의 CEO 엔리케 로레스는 전 세계 고객을 상대로 성공적인 비즈니스를 해 나가는 데 팀의 다양성이 가장 중요한 요소라고 강조한다. 그는 말한다. "내 억양이나 학력 배경을 보면 전형적인 포춘 50 CEO와는 다릅니다." 그는 아이비리그를 나오지 않았고, 영어 발음도 완벽하지 않다. 하지만 오히려 이런 차이가 대화를 여는 열쇠가 된다고 믿는다.

그는 필요하다고 느낄 때마다 자신의 '다름'을 드러낸다. 그렇게 해야 다른 사람들도 자신이 소외감을 느낀 순간에 대해 더 솔직하게 이야기할 수 있다고 보기 때문이다. "리더라면 누구나 자신의 삶에서의 취약한 순간, 고유한 경험에서 비롯된 영향들을 팀과 함께 나눠야 합니다. 사람들은 소외감을 느낄 때 자신의 생각을 말하지 않게 됩니다. 저 역시 때때로 외부인처럼 느끼는 감정을 팀과 공유하며, 그런 경험이 우리 모두에게 공통된 것임을 보여 주려 합니다. 동시에, 권위 있는 자리에서 다른 의견을 낸다는 것이 얼마나 어려운 일인지도 잘 알고 있습니다. 그래서 저는 자주 이렇게 말합니다. '이게 제 생각이지만, 다른 견해가 있으신 분은 꼭 말씀해 주세요. 여러분의 생각 덕분에 더 나은 판단을 할 수 있습니다.'"

HP는 '다름'이라는 개념을 공통점을 발견하기 위한 하나의 실질적인 훈련으로 구체화했다. 팀 결속 활동과도 유사한 방식인데, 리더들이 둘씩 짝을 지어 서로의 인생 이야기를 나누는 것이다. 기쁨과 성공뿐 아니라 아픔과 실패도 이야기했다. 로레스는 이렇게 설명한다.

"소규모로 솔직한 대화를 나누게 되면 사람들은 훨씬 더 깊이 있는 이야기를 하게 됩니다. 삶에서 큰 기쁨을 준 순간뿐만 아니라 비극적인 사건들, 그것이 자신의 경력이나 선택에 어떤 영향을 미쳤는지도 공유합니다." 이는 자연스럽게 보편적 공감으로 이어진다. 서로 다른 것 같지만, 기쁨과 고통이라는 인간적인 경험을 나누면 우리에게 비슷한 점이 훨씬 많다는 걸 깨닫게 된다. 우리는 무엇보다 '인간'이라는 공통점을 가지고 있기 때문이다.

이 개념의 핵심은 직장이 사회의 축소판이라는 점이다. 사람들은 서로 다른 배경, 믿음, 열정을 가지고 있다. 이런 차이를 인정하고 존중하는 태도로 접근해야 한다. 이를 갈등의 원인이 아니라 다양성의 자산으로 바라봐야 한다.

혼자 리드하지 마라

다름의 공유는 팀원 각자가 소외감을 느꼈던 순간을 돌아가며 이야기하는 방식으로 진행된다. 가능한 한 솔직하게 자신의 경험을 공유할 수 있는 사람이 시작하는 게 좋다. 나의 경우 예일대학교에 처음 입학했을 때 실업 상태였던 노동자 부모 밑에서 자랐다는 사실을 부끄럽게 여겼다. 또 첫 직장에서 상사가 동성애를 비하하는 농담을 하거나 여성적인 동료를 조롱하는 말을 들었을 때도 스스로를 '다른 사람'이라고 느꼈다.

이 시간에는 다른 사람의 이야기에 끼어들거나 반박하지 않는다. 각자의 경험을 존중하며 판단 없이 있는 그대로 듣는 것이 목적이다. 팀십의 진짜 목적은 서로 다른 사람과 서로 다른 시선을 인정하는 것이다. 그 안에는 정치적 의견처럼 민감한 주제도 포함되어야 한다. 모든 관점이 포함될 수 있어야 진정한 포용으로 이어진다.

팀십 실천법 ㉛ '특권과 장벽' 대화

특권이라는 주제를 팀 내에서 어떻게 꺼내야 할지, 혹은 애초에 그런 대화를 시도해도 되는 건지에 대해 많은 이들이 막연한 두려움과 불확실함을 느낀다. 나 또한 그랬다. 칼릴 스미스와 나눈 대화는 이 민감한 주제에 접근할 수 있는 유용한 출발점을 제시해 주었다. 그의 말을 그대로 옮겨 본다.

"특권은 특정 집단만 갖는 것이 아니고, 장벽도 특정 집단만 겪는 것이 아닙니다. 이 둘은 서로 배타적인 개념이 아니에요. 특권이 있다고 해서 덜 노력한 것도 아니며, 죽도록 노력했다고 해서 누군가보다 더 나은 조건에서 출발하지 않았다는 보장 또한 없죠. 흔히 특권이라는 말을 들으면 모든 것이 누군가에게 거저 주어진 것이라고 생각하게 됩니다. 이 오해부터 먼저 바로잡아야 해요.

부유한 가정에서 자란 것은 분명 특권입니다. 그렇다고 해서 아버지가 좋은 사람이었다는 뜻은 아니고, 어머니가 사랑을 줬다는 의미도 아니죠. MBA 과정을 진지하게 공부하지 않았다는 말도 아니고요. 단지 돈이 있는 게 없는 것보다 낫고, 외모가 뛰어난 게 그렇지 않은 것보다 더 유리한 건 사실이라는 것입니다. 우리가 말하려는 건 그런 구조적인 차이에 대한 인식이에요. 그 지점에 이르면 사람들은 이렇게 말할 겁니다. '맞아, 나에게 그런 점이 있었지. 그렇다고 내가 노력하지 않았다는 뜻은 아니야. 나도 분명 어려움을 겪었지만, 그렇다고 모든 걸 직접 쟁취한 것도 아니야.'"

특권과 장벽이라는 주제에 대해 한 명씩 돌아가며 이야기하는 방식으로 대화를 나누는 것은 '다름의 감각'을 다루는 중요한 활동이다. 다만 이런 대화를 하기 위해서는 팀 내에 어느 정도 신

혼자 리드하지 마라

뢰 기반이 형성돼 있어야 하며, 그렇지 않은 경우에는 코치의 중재를 받는 것도 좋은 방법이다.

나는 노동자 계층 부모 아래서 가난하게 자랐고, 지금의 위치에 이르기까지 정말 열심히 일했다. 하지만 내 이야기를 다른 각도에서 들여다보면 또 다른 면이 보인다. 아버지는 내가 좋은 교육을 받을 수 있도록 끊임없이 독려했고, 나 역시 학업에 대한 집념과 성취 지향적인 태도를 배우며 자랐다. 나는 백인 남성이고, 아이비리그를 두 번이나 졸업했으며, 포춘 500대 기업의 최고 경영진에서 일한 경력을 갖고 있다. 이 정도면 특권이라는 단어에 딱 들어맞는다.

나는 성차별이나 인종차별을 직접 겪은 적은 없다(입양한 자녀를 통해 간접적으로 경험한 바는 있지만). 직장에서 상사나 멘토들이 동성애 혐오 발언을 자주 했기 때문에 스스로 성 정체성을 숨기고 일해 왔다. 만약 내가 더 일찍 커밍아웃을 했다면 이처럼 이른 나이에 성공할 수 있었을까? 이 책을 쓸 수 있는 위치에 있었을까? 아마도 어려웠을 것이다.

이것이 바로 '특권과 장벽' 대화 실천의 핵심이다. 필요하다면 팀에 충분한 신뢰와 심리적 안정감이 형성될 때까지 진행자의 도움을 받는 것도 괜찮다. 모든 사람이 돌아가며 이야기하는 방식으로 대화를 진행하며 팀원 각자가 자신의 경력에 어떤 보이지 않는 특권의 영향이 있었는지, 어떤 장벽과 마주했었는지를 간단히 말한다.

이 대화의 목적은 누가 피해자고 누가 가해자인지를 따지는 데 있지 않다. 각자 어떤 배경과 경험을 가지고 여기까지 왔는지, 그 과정에서 작용해 온숨은 이점과 제약을 서로 이해하는 데 있다.

팀십 실천법 ㉜ 최적의 후보를 위한 보류

엔리케 로레스는 HP의 CEO로 임명되기 전 이사회 구성의 다양성을 높이기 위한 프로젝트를 이끌었다. 그는 이 경험을 경영진 구성에도 그대로 적용했고, 실제로 성공적인 결과를 이끌어 냈다. 나는 그에게 이 과정을 통해 얻은 가장 중요한 교훈이 무엇이었는지 물었다. 로레스는 이렇게 말했다.

"고위직 후보군이 충분히 다양하지 않다면, 다양해질 때까지 기다려야 합니다. 서로 다른 배경을 지닌 후보들은 분명 존재합니다. 다만 당신이 그들을 찾아낼 만큼 성실하게 노력하고 있느냐가 문제입니다."

이 말은 단순하지만 매우 강력한 메시지를 담고 있다. 첫 번째 채용 시도에서 후보군이 다양하지 않다면 다시 시도해야 한다. 다양성이 갖춰질 때까지 반복해야 한다. 인재는 어딘가에 분명히 존재한다. 만약 아무도 지원하지 않는다면 조직 내 DEI 구조 전반을 되돌아봐야 한다. 그것이 문제의 본질일 수 있다.

조직의 정체성을 드러내는
핵심 가치의 공유

포용을 다루는 장에서 '배제'를 언급하는 것이 이상하게 느껴질 수 있다. 하지만 칼릴 스미스와 나눈 대화는 배제라는 개념에 새로운 시각을 제시해 주었다.

"최고의 팀은 가치에 대해서는 배타적이고, 인구통계학적 다양성에는 포용적입니다."

가령 디자인에 열정을 가지지 않고 애플의 경영진으로 일할 수 있을까? 누구나 스포츠를 즐길 수 있다는 믿음이 없다면 나이키에서 일할 수 있을까? 개인의 선택권을 중요하게 여기지 않는다면 필립 모리스에서 일할 수 있을까?

이에 대한 답은 명확하다. 어떤 가치들은 그 조직의 정체성과 긴밀하게 연결되어 있다. 해당 조직에서 성공적으로 일하기 위해서는 반드시 공유해야 할 핵심 가치인 셈이다.

구성원의 다양성을 수용하되, 그 다양성이 조직의 근본 가치를 훼손해서는 안 된다. 다시 말해 인구통계학적 포용성과 핵심 가치에 대한 배타성은 동시에 성립할 수 있다. 구성원이 서로 다른 배경을 가졌더라도, 공유된 가치 위에 모인 팀이라면 강한 응집력과 지속 가능한 성과를 만들어 낼 수 있다.

10장

서로를 코칭하며 함께 성장하는 팀

핵심 행동 수칙:

우리는 서로를 코칭한다.

전통 강자인 브랜드—로레알, 에스티로더와 같은 거대 화장품 기업들—가 장악해 온 산업을 뒤흔들며 20년 넘게 고속 성장과 혁신을 이뤄 낸 조직의 비결은 무엇일까? 엘프 뷰티e.l.f. Beauty라는 화장품 기업을 보면 그 답을 알 수 있다.

색상, 질감, 스타일처럼 개인적 취향이 강하게 반영되는 립스틱, 스킨케어 제품은 반드시 매장에서 직접 보고 구매한다는 기존의 상식을 깨고, 2004년 당시 단 1달러짜리 화장품을 온라인으로 판매한 과감한 베팅 덕분이라고 생각할 수도 있다. 하지만 그로부터 20년이 지난 지금, 거의 모든 경쟁사가 온라인 판매에 뛰어든 상황에서도 엘프 뷰티는 여전히 업계의 통념을 거스르고 있다. 특히 제품 기획에서 온라인 출시까지 13주 만에 끝마치는 속도는 평균 2~3년이 걸리는 업계의 신제품 개발 주기를 압도한다.

그러나 엘프 뷰티의 성공 비결이 특정 제품이나 제조 공정의 혁신에 있는 것은 아니다. 물론 빠른 실행력과 초기 시장 선점은 차별화 요소임에 틀림없다. 하지만 그것이 전부는 아니다. 겉으로 보이는 성과에만 집중하면 이 기업의 진짜 경쟁력을 놓치게 된다. 진정한 성공의 원천은 그러한 성과를 반복적으로 만들어 내는 팀의 행동 방식, 즉 조직 전반에 뿌리내린 팀십 문화에 있다.

엘프 뷰티의 경영진은 말한다. "세상 어디에도 엘프 뷰티 같은 곳은 없다." 그들은 자신들이 구축한 엘프 뷰티 특유의 팀 문화를 대표하는 홍보대사라는 책임감을 갖고 일한다. 그리고 그 문화야말로 성과를 지속적으로 만들어 내는 기반이다. 2023년 3월 마감한 회계연도 기준으로 엘프 뷰티의 순매출은 전년 대비 48% 증가한 5억 7,880만 달러를 기록했다. 지난 10년간 주주 가치만 보더라도 무려 84배가 성장해 총 110억 달러에 달했다.

엘프 뷰티는 고객 피드백을 전략적으로 활용하는 기업으로 알려져 있다. 웹사이트에는 13만 건이 넘는 리뷰가 올라와 있으며, 좋은 평가뿐 아니라 부정적 의견까지 투명하게 공개한다. 또한 수백만 명 규모의 커뮤니티와 소셜미디어 채널에서 나오는 데이터를 활용해 빠르게 트렌드를 읽고 제품 개발과 마케팅에 반영한다.

하지만 이 모든 것은 표면적인 강점일 뿐이다. 엘프 뷰티의 회장 겸 CEO 타랑 아민Tarang Amin과 그의 경영진을 만나 직접 대화하며 알게 된 핵심은 그들이 고성과 팀을 구축하고 팀십에 투자하는 데 집요할 만큼 집중하고 있다는 점이다. 단지 모든 정직원이 재무 성과 지표(조정 EBITDA)에 따라 엘프 뷰티 주식으로 보상을 받는다는 점만이 특별한 것은 아니다. 중요한 건 그 보상 제도를 뒷받침하는 팀 중심의 철학이다. 지속적인 성과 개발을 위해 조직 내부와 팀 사이에 언제나 작동하는 동료 간 코칭 문화를 구축하고 유지하는 것, 바로 그것이 엘프 뷰티가 강조하는 경쟁력이다.

동반 성장 코칭의 유효성

엘프 뷰티의 최고재무책임자 맨디 필즈Mandy Fields는 최고마케팅책임자 코리 마르키소토Kory Marchisotto로부터 스토리텔링 역량에 대한 코칭을 받은 경험에 대해 이렇게 설명한다.

"나는 투자자나 애널리스트에게 질문을 받으면 곧바로 결론부터 말해 버린다는 피드백을 받아 왔어요. 코리의 조언은 '잠깐만요, 한 걸음 물러나서 그 결론에 어떻게 도달했는지 과정을 먼저 설명해 보세요. 결론은 그다음에 말해도 됩니다'였죠. 지금은 그 피드백을 제 업무에 반영하려고 노력하고 있어요."

반대로 필즈도 마르키소토를 코칭해 왔다. "코리는 진짜 슈퍼스타예요. 제가 만난 마케터 중 최고죠. 그래서 만약 CMO 그 이상을 꿈꾼다면, 더 섬세한 재무적 사고력을 키울 수 있도록 도와주겠다고 말했어요. 그렇게 그녀를 실적 발표 준비 과정과 투자자 대상 컨퍼런스에 함께 참여시켰습니다. 그렇게 하면 재무 흐름의 본질을 더 깊이 이해하게 되고, 훨씬 정밀한 질문도 할 수 있게 되죠."

이것이 바로 동반 성장, 즉 공동의 목표에 헌신하고 서로가 실패하지 않도록 진심으로 돌보는 약속을 실천하는 모습이다. 이러한 피드백 방식은 개인의 성장과 성취, 나아가 비즈니스 성과와 직접적으로 연결된다는 점에서 우리가 다른 조직에서 흔히 경험해 온 것과는 본질적으로 다른 사회적 약속이다. 이 모든 것은 엘프 뷰티의 구성원에게 주어지는 매우 높은 수준의 약속에서 시작된다. 우리는 서로를 위해 그 약속을 적극적으로 실천해야 한다. 마르키소토는 이렇게 설명한다.

"엘프 뷰티에서는 주변 동료들의 일상적인 지원 속에서 우리 각자가 자신의 잠재력을 최대한 발휘하도록 격려받습니다. 이 조직의 문화는 '당신을 어떤 틀에 맞추려는 게 아니라 당신에게 최고의 상태란 무엇인지, 당신의 강점은 어떤 것인지, 그리고 그것을 발휘하도록 어떻게 도울 수 있을지 함께 찾아보자'고 말합니다."

이러한 접근은 사람들의 마인드셋 자체를 바꾸고 피드백을 주고받는 목적과 방식도 달라지도록 만든다. 피드백은 더 이상 누군가를 깎아내리거나 부담을 더하는 것이 아니다. 오히려 풍선을 띄워 올리는 헬륨처럼 모두를 더 높이 올려 주는 것이다. 그 안에서 조직 구성원들은 주변 사람들 모두가 자신이 최고의 모습으로 성장하기를 진심으로 바란다고 믿는 환경 속에서 일하게 된다. 인턴이든 신임 부사장이든 엘프 뷰티에 새로 합류한 모든 구성원은 온보딩 과정에서 동료 간의 솔직한 의견 교환과 건설적인 도전을 존중하는 방식으로 받아들일 때 성장할 수 있다는 것을 배운다. 동시에 모든 동료는 선한 의도를 가지고 행동한다는 전제와 모두의 성공을 진심으로 지원하고 지지하는 방법 또한 익힌다. 이 2가지 모두 필수적이며, 코칭 기반의 동반 성장 문화를 이루는 핵심이다.

만약 누군가 기분이 상했다면? 누군가의 말 속에서 진심이 느껴지지 않는다면? 그럴 땐 자신이 느낀 우려를 명확히 표현하고, 설명을 들은 후에는 자신의 판단이 틀렸을 수 있다는 점도 열린 마음으로 받아들여야 한다. 모든 사람은 서로에게 피드백을 줄 책임이 있다. 누군가가 더 잘할 수 있음에도 그렇지 못할 때는, 그 사람이 고위직일지라도 정중하게 성장 기회를 지적할 수 있어야 한다. 엘프 뷰티에서는 사방에서 이루어지는 상시적 피드백이 당연한 문화로 받아들여진다. 임원진이 옳지 않다고 생각되는 발언을 하더라도 누구나 그 자리에서 의견을 제기할 수 있다. 신규 입사자들에게는 분기별 혹은 연간 성과 평가 대신 매일, 위계와 무관하게 실질적으로 협업하는 모든 관계에서 다양한 방향으로 자연스럽게 피드백이 이루어진다. 그리고 이 문화는 각 팀의 리더와 동료들이 스스로 모범을 보이며 지속적으로 유지해 간다.

엘프 뷰티의 인재 개발 담당 부사장인 케리 프레스턴Kerry Preston은 일상적인 피드백과 코칭 외에도 연 2회 팀 단위로 모여 의도적으로 서로에게 공개적인 피드백을 주고받는 시간을 갖는다고 설명한다('오픈 360' 실천법 참조). 이 자리에서 팀원들은 서로에 대해 가장 높이 평가하는 점, 상대의 성과를 제한하는 요인, 서로를 지원할 방법 등을 구체적인 사례를 들어 공유한다.

한 세션에서는 고위 임원이 팀원과의 1:1 미팅을 다섯 번 중

네 번 취소한 일이 공개적으로 지적되었다. 동료들은 "그렇게 회의를 취소하는 것은 성과의 문제가 아니라 존중의 문제입니다. 시간을 관리하는 방식을 다시 생각해 보는 게 어떨까요?"라고 의견을 말했다. 또 다른 세션에서는 한 팀원이 동료들로부터 회의에서 더 적극적으로 의견을 표현해 보라는 격려를 받았다. 이에 다른 팀원이 제안한 해결책은 간단했다. "좋아요, 그럼 다음 회의에서는 당신이 먼저 발언하도록 하죠. 어때요?"

엘프 뷰티의 문화가 극대화되는 순간은 제품 혁신 전략 회의다. 아민은 이 회의를 '회사에서 가장 인기 있는 티켓'이라고 표현한다. 모든 직원은 이 회의에 자신이 담당하는 제품 영역에 대해 의견을 낼 수 있도록 초대를 받는다. 그리고 뜨거운 토론이 벌어진다. 어떠한 제한도 없다. 빠르고, 역동적이며, 수년간 축적된 피드백 문화가 있었기에 가능한 방식이다. 모든 구성원은 자신의 의견을 분명히 제시하고, 그 주장을 뒷받침할 근거도 준비해야 한다. 솔직하게 피드백을 주되 존중을 잃지 않는다. 직위에 상관없이 가장 좋은 주장과 아이디어가 채택된다는 룰도 모두가 알고 있다. 이렇게 해서 엘프 뷰티는 지속적인 동료 간 피드백을 통해 개인의 성장을 끌어올리고, 결국은 조직 전체의 성과 또한 함께 향상시키고 있다.

무엇을 피드백해 줄 것인가

아민이 주재한 제품 혁신 전략 회의는 3장에서 논의한 '아이디어에 대한 솔직한 피드백'의 중요성을 잘 보여 주는 사례다. 사람들은 피드백을 마치 하나의 동일한 개념처럼 이야기한다. 그러나 우리는 이제 피드백을 새로운 방식으로 바라봐야 한다. 피드백에는 여러 유형이 있으며, 이 차이는 매우 중요하다. 동료들은 서로에게 도전 과제를 던지고 다음의 네 영역에 대해 피드백을 주고받아야 한다.

1. 아이디어

솔직한 피드백을 바탕으로 다양한 관점을 충돌시키며 대담하고 포용적인 해결책에 도달하기 위해 아이디어를 함께 다듬고 발전시켜 가는 과정이다. 동료들은 공동 창작과 협업 과정에서 더 용기 있게 참여하기 위해 고효율 피드백 실천법을 활용해야 한다(자세한 내용은 6장 참조).

2. 성과

팀원들은 서로의 성과에 대해 책임감을 가지고 피드백을 주어야 한다. 이는 3장에서 다룬 완전한 솔직함, 7장에서 다룬 애자일 맥락과 연결된다. 특히 아이디어 검증 훈련라는 팀십 실천법이 성과 피드백에서 자주 활용된다. 팀원이 스스로 달성했다고 생각하는 성과를 설명하면 다른 팀원들이 그 진술에 대해 도전적 질문을 던지는 방식이다.

3. 역량

이 장에서 제시하는 새로운 행동 약속이다. 동료들은 서로에게 도전하며 각자의 분야에서 최고 수준의 전문성을 유지하기 위해 지속적으로 지식과 역량을 갱신하고 발전시켜야 한다는 것이다. 새로운 기술, 떠오르는 트렌드, 변화하는 업무 방식을 적극적으로 수용하는 자세가 요구된다. 맨디 필즈와 코리 마르키소토 간의 상호 코칭 사례는 이를 잘 보여 준다.

4. 업무 스타일

동료들은 서로의 업무 스타일―소통 방식, 동기부여 방식, 그리고 사람들의 자발적 참여와 지지를 이끌어 내는 역량―에 대해서도 피드백을 주고받아야 한다. 예를 들어 일정을 미루는 습관이나 시간 관리 미흡은 대표적인 업무 스타일의 문제다. 이에 대해 팀은 더욱 능동적으로 일하는 방향에 대한 피드백을 줄 수 있다. 또한 다른 사람을 탓하는 태도 대신 방해물 속에서도 방법을 찾는 성장 마인드셋을 갖도록 조언할 수도 있다.

일부 기업은 비즈니스 아이디어에 대해서는 일정 수준의 피드백 문화가 자리 잡혔지만 서로의 성과, 기술, 역량, 혹은 업무 스타일에 대해서는 말할 수 있는 권한조차 없다. 3장에서 살펴보았듯 대부분의 조직에서 완전한 솔직함의 수준은 5점 만점에 평균 2.4점에 불과하다. 동료 간 코칭이 활성화된 조직은 거의 없다.

조사에 따르면 팀 구성원의 71%는 동료의 업무 성장을 돕기 위해 피드백을 제공할 의지가 없다고 답했다. 이 새로운 행동 약속이 적용되었을 때 관리자의 과중한 부담이 얼마나 줄어들 수 있을지 상상해 보라. 2장에서 살펴보았듯 세르게이 영이 팀십을 도입했을 때, 그는 자신의 시간을 30% 절약하여 보다 전략적이고 장기적인 업무에 집중할 수 있었다.

우리가 동료에게 피드백을 제공하는 것은 함께 성공하겠다는 의지와 서로의 성장을 지원하겠다는 약속을 행동으로 보여 주는 일이다. 이것은 팀십의 새로운 행동 약속의 핵심 요소이기도 하다. 관리자만 피드백을 제공하는 구시대적 방식은 이제 더 이상 실용적이지 않기 때문이다.

수십 년에 걸쳐 조직 구조가 평평해지고 분산되면서 리더가 팀원 개개인의 업무를 세세히 파악하기 어려워졌다. 그렇다면 누가 실제로 동료의 업무를 잘 알고 있는가? 조직도와 무관하게, 매일 옆에서 함께 일하고 있는 동료야말로 가장 명확하게 상대의 노력, 과제, 성과를 관찰할 수 있다. 그들은 시의적절한 피드백을 줄 수 있는 최적의 위치에 있다. 우리는 이처럼 풍부하면서도 사실상 거의 활용되지 않고 있는 자원과 통찰력을 적극 활용해야 한다.

조직 내 리더들이 더 이상 성장할 필요가 없다는 잘못된 믿음도 존재한다. 실제로 대부분의 조직에서는 직급이 올라갈수록 피드백을 받는 빈도가 줄어드는 경향이 있다. 그러나 리더 또한 코칭이 필요하다. 특히 팀 내 행동과 문화에 대한 피드백은 더욱 그렇다. 아민은 이렇게 말한다. "비즈니스 세계에서는 종종 '고위직에 오른 사람은 피드백을 주고받는 데 능숙하다'는 전제를 두곤 하지만 현실은 그렇지 않습니다. 그래서 우리는 고위 임원진끼리 따로 세션을 진행하며 동료 간 피드백을 직접 실천합니다."

오늘날처럼 변화가 빠른 환경에서는 모든 구성원이 지속적인 개선과 성장을 멈춰서는 안 된다. 우리는 언제 어떤 변화가 닥칠지 예측할 수 없다. 따라서 매년 기존보다 30~50% 더 나아져야 변화의 속도를 따라갈 수 있다. 이 수치가 다소 극단적으로 들릴 수 있지만 급진적 성장이 없다면 사람들은 점진적 변화에 안주하게 되고, 완전한 솔직함에서 비롯되는 불편함을 감수하지 않게 된다.

우리가 함께 일한 고성과 팀들은 성과, 기술과 역량, 업무 스타일에 대해 투명하게 피드백을 주고받는 행동 약속을 갖고 있었다. 그러나 우리의 데이터에 따르면 팀원 중 61%는 동료가 스스로의 성장 과제를 인식하거나 개선하려는 겸손함을 가지고 있지 않다고 느낀다. 대부분 과중한 업무에 압도되어 개인 성장의 우선순위를 낮게 두기 때문이다. 하지만 이는 되풀이되는 악순환을 낳는다. 팀 차원의 코칭과 성장 없이 일하면 업무는 더욱 힘들어지고 협업은 비효율적이 된다. 결국 업무량은 더욱 늘어나고, 개인은 더욱 지치며, 성장할 여유는 더욱 줄어든다.

팀십 실천법

진단을 마치고 핵심 행동 수칙을 정립한 후에는 아래의 세 가지 간단한 실천법을 통해 팀을 상호 코칭하는 팀으로 전환할 수 있으며, 리더 혼자 짊어진 피드백의 부담을 줄일 수 있다.

1. **오픈 360** Open 360

   분기마다 실시하며, 전통적인 상사-직원 간 평가를 동료 간 피드백 활동으로 전환하는 실천법이다.

2. **다이얼 업/다이얼 다운** Dial Up/Dial Down

보통 오픈 360 이후 이어서 진행되며, 팀원 각자가 행동 변화를 약속하는 간단한 실천법이다. 몇 분만 투자하면 된다.

3. **5/5/5 학습 로드맵** 5/5/5 Learning Roadmap

5분 발표, 5분 질문, 5분 조언으로 구성된 실천법으로, 팀원 각자의 학습 실행력을 점검하고 책임감을 부여하는 방식이다.

역량 개발 진단

1단계: 동반 성장에 대한 논의

이 전환은 동반 성장 접근법으로 나아가는 과정이며, 피드백을 일방적인 지시에서 역동적인 상호 성장의 과정으로 바꾸는 것이다. 이 과정에서 우리는 서로의 성장을 이끌어 내는 탐구자의 팀이 된다. 모두가 사명에 전념하고, 서로의 성장을 높이기 위해 헌신하는 팀이 되는 것이다. 동반 성장의 환경에서는 피드백이 더 이상 관리자만의 역할이 아니다. 팀 전체가 함께 책임지는 공동의 과제가 된다. 모든 팀 구성원은 집단 전체의 성장을 위해 역할을 맡는다. 서로 인사이트를 나누고, 역량과 기술을 공유하며, 함께 번영할 수 있도록 기여한다. 우리는 서로의 코치가 되며, 그 역할을 회피하지 않는다.

세계 최고 수준의 팀들은 이 진단에서 5점 만점 중 평균 4.4점을 기록한다. 나는 이 접근 방식의 변화를 직접 목격해 왔다. 내가 이끄는 팀에서는 개방적이고 솔직한 동료 피드백의 중요성을 항상 강조해 왔다. 이는 단순히 업무를 잘 수행하는 차원을 넘어 서로의 성장과 탁월한 성과를 돕는 일이기도 하다. 그러나 이러한 팀은 매우 드물다. 대부분의 팀은 이 진단에서 2.5점 미만을 기록한다.

마르키소토는 이 새로운 행동 약속이 실제로 작동한 사례를 하나 소개한다. 팀 내에서 뛰어난 성과를 내는 구성원의 이야기로, 그녀는 그를 '진정한 비전가이자 창의적 천재'라고 묘사한다. 하지만 그녀는 이렇게 덧붙인다. "비전가로 살아간다는 것은 쉽지 않습니다. 다른 사람들이 보지 못하는 것을 볼 수 있다는 건 굉장한 재능이지만 동시에 큰 좌절을 안겨 줄 수도 있습니다. 머릿속에 그리는 높은 수준의 결과물과 실제 산출물 사이의 간극이 너무 클 경우 일하는 과정 자체가 답답하게 느껴지기 때문입니다."

그 구성원의 피드백 방식은 주변 사람들의 의욕을 꺾었고, 결과물은 초기에 구상한 수준에 도달하지 못했다. 좌절은 팀 전체로 확산되었다. 이후 진행된 팀 세션에서 동료들은 그 구성원에게 피드백 방식 자체에 대한 피드백을 전달했다. 그는 팀원들에게 앞으로는 더 공감하는 방식으로 피드백을 전하겠다는 약속을 공개적으로 했다. 마르키소토는 그 장면을 이렇게 설명한다.

"그 구성원은 자신에게 피드백을 준 동료 열일곱 명 앞에서 이렇게 말했습니다. '여러분의 말씀 잘 들었습니다. 모두 맞는 말입니다. 앞으로 개선하겠습니다. 저는 공감 능력을 더 키우기 위해 최선을 다하겠습니다.' 이처럼 많은 사람들 앞에서 자신을 드러내고 공개적으로 다짐을 표현한다는 것은 결코 쉬운 일이 아닙니다. 그러나 그 다짐의 동기는 분명했습니다. 팀이 최고의 상태에 있지 않았고, 그 상황을 반드시 바꿔야 했기 때문입니다."

2단계: 진단 질문

우리의 진단 프레임워크에서 제시하는 2가지 질문을 활용하면 팀 차원의 대화를 유도할 수 있다. 이는 동료 간 동반 성장을 실현하기 위한 효과적인 출발점이 된다.

모든 팀원은 다음 질문에 대해 1점에서 5점까지 점수를 매긴다.

> 1 전혀 그렇지 않다   2 그렇지 않다   3 보통이다   4 그렇다   5 매우 그렇다

⋯› 우리는 탐구하는 팀인가?

모든 팀원은 자신의 성장 과제를 인지하고 이를 공개적으로 공유하며 개선을 위해 노력하고 있는가?

⋯› 우리는 서로의 코치인가?

모든 팀원은 서로의 성장에 진심으로 투자하며 동료의 역량과 기술 향상을 위해 적극적으로 코칭을 제공하고 있는가?

이 설문은 팀의 신뢰를 받는 중립적인 구성원이 주관해야 하며, 각자의 응답은 익명으로 수집한다. 온라인 설문 도구를 사용하거나 페라지 그린라이트 웹사이트에 있는 진단 도구를 활용할 수 있다.

핵심 행동 수칙과 실행 점검 미팅

팀십 관점에서 성장과 개발을 위한 단순한 사회적 약속은 '우리는 서로를 코칭한다'는 것이다. 아래의 팀십 실천법을 적용한 뒤 약 한 달 내에 실행 점검 미팅을 진행하고, 이후에도 정기적으로 이어 가는 것은 매우 중요한 기회를 만든다. 이 시간은 우리의 새로운 행동 약속이 실제로 지켜지고 있는지, 팀십 실천이 잘 정착되고 있는지 함께 점검하고, 무엇이 계획과 달리 엇나갔는지 솔직하게 이야기할 수 있는 안전한 공유의 장이 된다.

팀십 실천법 ㉝ 오픈 360

우리는 대부분 전통적인 360도 피드백에 익숙하다. 이는 보통 익명성이 보장된 서면 형식을 기반으로 다양한 방향에서 피드백을 수집하는 성과 평가 방식이다. 반면 오픈 360은 팀 내에서 이루어지는 대화 형식의 피드백 실천으로, 팀원들이 서로 직접적으로 피드백을 주고받는다.

모든 참가자는 각 팀원에 대해 다음 2가지를 공유한다.

첫째, 그 사람에 대해 감사하거나 존경하거나 높이 평가하는 점 하나.

둘째, 그 사람의 성과와 성공 수준을 한층 더 높이기 위해 다른 방식으로 제안하고 싶은 점 하나.

이 실천은 갈등을 회피하려는 태도를 극복하고 서로의 성장을 위해 완전한 솔직함으로 대화에 참여할 것을 요구한다. 오픈 360이 효과적으로 작동하기 위해서는 팀원들 사이에 상호 신뢰와 서로의 직업적 성공 및 개인적 성장에 대한 책임이 전제되어야한다. 신뢰가 부족하면 심리적 안전감이 충분히 형성되지 않으며, 듣기 어려울 수 있지만 서로에게 진정으로 영향력 있는 피드백을 주고받기 어렵다. 하지만 성공에 결정적인 차이를 만들어낼 수 있는 정보를 전달받지 못하는 것은 당사자에게 결코 실질적으로 도움이 되지 않는다.

그런 점에서 오픈 360은 팀이 서로 간의 행동 약속에 동의하고, 공감을 바탕으로 견고한 관계를 구축한 뒤에 도입하는 것이 적절하다. 이와 관련한 내용은 4장에서 다뤘다. 관계의 토대가 마련되면 팀원들은 서로에 대한 관심과 진심을 바탕으로 솔직한 피드백을 주고받을 수 있다. 이러한 피드백은 배려와 관용의 표현이면서 동시에 그것을 실천하려는 책임감을 수반한다. 오픈 360을 실행하는 방법은 다음과 같다.

1. **아이디어 소개하기**

   예를 들어 이렇게 말할 수 있다. "이 활동은 우리 팀 내에서 솔직함과 친밀감을 높이기 위한 개별 피드백 세션입니다. 모두가 피드백을 주고받게 될 것입니다. 각 피드백은 1분 이내로 간결하게 전달해 주세요."

2. **기대치를 명확히 설정하기**

   "상호 피드백 도중에는 중간에 끼어들어 반응하는 것을 피합시다. 모든 피드백이 끝난 후에 충분히 답할 수 있는 시간이 주어집니다. 피드백을 받게 되면 '감사합니다'라고 응답하며 들었다는 것을 인지시켜 주세요. 그리고 방어적인 반응은 자제해 주세요. 누군가의 인식은 그 자체로 유효한 데이터이며, 그 인식을 바탕으로 자신의 행동을 조정할 것인가에 대한 여부는 전적으로 본인의 선택입니다."

   3장에서 언급한 바와 같이 교사나 부모, 혹은 리더로부터 받는 피드백은 반드시 무언가를 하라는 요구가 함께 따라

왔다. 하지만 오픈 360에서는 그렇지 않다. 동료 간 피드백은 단지 데이터일 뿐이며 지시가 아니다. 그러므로 지나치게 큰 기대나 방어적 태도를 가질 필요가 없다.

3. **진행 방식 설명하기**

가장 좋은 방법은 리더가 먼저 피드백을 받는 것이다. 첫 번째 라운드에서는 각 팀원이 피드백 받는 사람에게 다음 문장을 완성한다.

"내가 당신에 대해 감사하거나 존경하거나 높이 평가하는 점은 _____ 입니다."

두 번째 라운드에서는 다음 문장을 완성한다.

"나는 당신과 당신의 성공을 중요하게 생각하기 때문에 다음과 같은 제안을 드리고 싶습니다: _____."

이 문장의 전제는 우리가 단지 한 개인의 성공을 중요시하는 것을 넘어 그 사람의 성공이 곧 팀 전체의 성공과 직결된다는 점이다. 따라서 가장 효과적인 피드백이 공유되는 것이 중요하다. 오픈 360은 정기적으로 실시할 수 있으며, 피드백의 기준은 지난 분기 또는 지난 6개월간의 성과에 기반할 수 있다.

4. **피드백 제공에 대한 주요 원칙 안내하기**

시간을 절약하기 위해 각자의 의견은 중복되지 않고 보완적이어야 한다. 당신이 하려던 말이 이미 언급되었다면 그저 "저도 [이름]의 의견에 공감합니다"라고 말하면 된다.

두 번째 라운드의 비판적 피드백에서는 상대가 자신의 성과를 개선하고 끌어올릴 수 있도록 가장 명확하고 실행 가능한 제안을 해야 한다. 일단 당신의 의견이 상대방과 팀에 도움이 되는지 스스로에게 물어본 뒤 말을 꺼낼 것을 권한다. 피드백은 서로의 성과를 높이고 팀으로서 함께 성장하기 위해 주고받는 것이다. 피드백은 선물이다. 피드백 없이는 자신의 커리어도 빠르게 성장시킬 수 없다.

예를 들어 다음과 같이 진행될 수 있다. "데이비드, 내가 당신에 대해 가장 존경하는 점은 당신의 업무 윤리와 약속을 반드시 지키려는 태도입니다"라고 첫 번째 피드백을 전한 다음 "당신의 성공은 우리 모두의 성공과 직결되기 때문에, 그리고 나는 당신의 성공을 진심으로 응원하기 때문에 제안을 하나 드리고 싶습니다. 이 팀에는 일과 가족에 대한 가치관이나 경계가 다른 사람들이 있습니다. 주말이나 휴일, 저녁 시간에 당신의 메시지에 즉각적으로 반응하지 못하는 경우도 있을 수 있습니다. 그러한 차이를 이해하고 존중해 주시면 좋겠습니다"라고 제안 사항을 피드백하는 것이다.

기억해야 할 점은 다음과 같다. 이런 피드백 활동은 팀 내 행동 약속을 이제 막 형성하는 단계에서는 민감하게 느껴질 수 있다. 따라서 리더가 먼저 나서서 피드백을 기꺼이 받아들이는 태도를 모범적으로 보여야 할 책임이 있다. 이 활동에 대한 불안이나 주저함이 감지된다면, 팀이 점차 익숙해질수록 오픈 360이 매우 효과적인 피드백 도구가 될 것이라는 점을 상기시켜 주어야 한다. 이는 우리가 스스로를 인식하는 모습과 타인이 우리를 인식하는 모습 사이에 존재하는 간극을 좁히는 데 도움이 된다.

각 라운드가 끝나고 2가지 유형의 피드백을 모두 받은 뒤에는 팀원들 앞에서 각자 자신이 무엇을 실천할 것인지 다음과 같이 선언한다. "네, 이 부분은 실천하겠습니다." "이 부분은 좀 더 알아보고 고민해 보겠습니다."

오픈 360을 통해 피드백을 받은 후에는 자신의 학습 여정에 동료들을 초대해 보는 것도 좋다. 예를 들어 팀원들에게 받은 피드백의 요지를 공유하고 그에 대한 반응이나 추가 의견을 요청하는 방식이다. 이는 겸손한 태도를 보여주는 실천이자 동료들이 당신의 성장 과정에 함께할 수 있도록 유도하는 효과적인 방법이기도 하다. 자신이 개선하고자 하는 과제를 더 폭넓게 공유하고, 다른 사람들이 나를 점검하고 지지할 수 있도록 요청할수록 팀 내 행동 약속은 더욱 견고해진다. 동시에 자신이 학습과 성장에 진지하게 임하고 있다는 점도 함께 드러나게 된다.

팀십 실천법 ㉞ 다이얼 업/다이얼 다운

다이얼 업/다이얼 다운은 비교적 짧은 활동으로, 전문성 개발의 핵심 요소 중 하나인 자기 성찰에 초점을 둔다. 간단히 말해, 현재 자신의 성과 수준을 제한하고 있다고 판단되는 요인을 점검하고, 특정 행동을 더 강화할지Dial Up 또는 줄일지Dial Down를 공개적으로 선언하고 실행에 옮기는 실천 방식이다. 이 활동의 목적은 개인적·전문적으로 성장하기 위한 결심을 세우고, 팀이 그 약속의 실행을 점검하고 지원할 수 있도록 서로에게 책임을 부여하는 문화를 조성하는 데 있다.

다이얼 업/다이얼 다운 도입하기

1. 회의 시간 중 일부를 이 활동을 위해 확보하라. 활동 안내에 5분, 자기 성찰을 위한 5분, 그리고 각 구성원의 발언 시간을 1인당 1분씩 배정한다.
2. 다이얼 업과 다이얼 다운의 개념을 정의하라. 다이얼 업은 더 나은 성과를 내기 위해 더 많이 해야 할 행동이다. 다이

얼 다운은 덜 하거나 완전히 줄여야 할 행동이다.

3. 참가자들이 적절한 다이얼 업/다이얼 다운을 찾도록 코칭하라. 오픈 360과 같은 활동을 통해 지금까지 받아 온 피드백을 떠올린다. 또한 자신의 목표를 고려하고, 다음 단계로 도약하기 위해 필요한 행동 방식을 고민해 본다. 개인적인 삶도 고려하라. 배우자, 가족, 친구들에게 받은 피드백을 떠올려 본다. 개인적인 행동 방식은 업무 영역에 영향을 미치기 쉽고, 그 반대도 마찬가지다.

4. 팀원들에게 다음과 같은 방식으로 실천을 약속하도록 유도하라.

⋯⟶ 자신의 다이얼 업/다운 내용을 팀과 공유하기

⋯⟶ 책상 근처에 포스트잇을 붙이거나 휴대폰에 알림을 설정하는 등 다짐을 상기시켜 줄 시각적 도구 만들기

⋯⟶ 진행 상황을 점검할 수 있는 디지털 알림 설정 등 실행을 돕는 습관 형성 도구를 마련해 변화가 지속될 수 있도록 하기

다이얼 업/다이얼 다운은 자기 성찰을 통해 개인의 성장을 다짐하고 그것을 팀과 공유해 함께 더 높은 곳으로 나아가는 실천이다.

팀십 실천법 ⑤ 5/5/5 학습 로드맵

6장에서 우리는 관계 실행 계획의 중요성에 대해 다루었다. 이는 팀이 목표를 능동적으로 달성하기 위해 반드시 협력해야 할 핵심 관계를 파악하는 데 도움이 된다. 개인의 성장에도 하드 스킬과 소프트 스킬을 아우르는 학습 로드맵이 필요하다. 공식 교육뿐만 아니라 존경하는 인물로부터 얻는 비공식적 배움까지 포함해야 한다. 개인과 팀 모두 미래의 성장 과제를 충분히 반영할 수 있도록 시간과 주의를 들여 학습 로드맵을 구축해야 한다. 모든 팀원은 다음 2가지 질문에 답한다.

⋯▸ 나의 강점과 약점, 성장 기회는 무엇이며, 어디에서 누구에게 배우고 싶은가?

⋯▸ 다음 단계로 성장하기 위해 어떤 것을 배워야 하고, 누구에게 배워야 하는가?

그 후에는 로드맵을 동료와 함께 아이디어 검증 훈련을 한다. 연구에 따르면 목적 의식에 긴박감과 책임감을 결합할 때 실행력이 가장 높아진다. 그래서 우리는 팀들에게 5/5/5 형식의 동료 코칭 그룹에서 자신의 학습 로드맵을 공유하도록 권장한다. 이 방식은 다음과 같이 진행된다. 정기적으로 각 팀원이 자신의 학습 로드맵과 그간의 진척 상황에 대해 5분간 발표한다. 이때 공식적 또는 비공식적인 학습 방식을 통해 격차를 어떻게 좁혀 왔는지 설명한다. 그 후 팀은 해당 로드맵과 성과에 대해 5분간 질문을 던진다. 지시성 피드백을 주기보다는 질문을 지속하는 것에 집중해야 한다. 질문은 팀 전체가 함께 배우고 이해하는 데 도움이 되며, 발표자가 스스로 더 깊이 통찰하고 지속 가능한 결론에 도달하는 데 도움이 된다. 마지막 5분은 팀이 이중 피드백을 제공하는 시간이다.

엘프 뷰티의 시니어 리더들은 모두 개인 학습 로드맵을 갖고 있으며, 5/5/5 형식의 동료 코칭 세션에 정기적으로 참여해 자신의 진척 상황에 대해 책임 있게 점검받는다. 성장을 위한 도전적인 목표도 중요하지만, 그 목표를 향해 책임감을 가지고 지속적으로 추진하는 것이 더 중요하다.

비범한 성과를 만드는 본질

엘프 뷰티에서 동반 성장이 가져온 성과는 하나의 훌륭한 비즈니스 그 자체다. 엘프 뷰티에서는 그 어떤 조직보다 빠르고 깊고 강하게 성장할 수 있다. 에너지로 가득한 빠른 속도의 성장 환경 속에서 누구보다 역동적으로 자신을 확장할 수 있는 곳이다. 엘프 뷰티의 이야기는 리더들에게 아주 단순한 교훈을 전한다. 피드백이 집단적 성장을 이끌고 비즈니스 혁신을 가능하게 하는 동반 성장 문화를 수용함으로써 우리는 단지 개인의 성장을 넘어서는 무언가를 만들어 낸다. 더 협력적이고, 더 주도적이며, 더 성공적인 일터를 함께 만들어 가는 것이다.

오늘날과 같은 새로운 업무 환경에서 피드백은 단순히 교정을 위한 수단이 아니다. 그것은 서로를 연결하고, 함께 성장하며, 서로가 최고의 역량을 발휘할 수 있도록 끌어올리는 관계와 성장의 도구다. 이것이 바로 동반 성장의 본질이며, 우리가 하나의 팀으로서 비범한 성과를 함께 만들어 낼 수 있는 방식이다.

공동의 목표,
하나의 지향점을 찾아서

우리는 하나의 공동 목표와
그 목표에 도달하기 위한
우선순위와 선택의 기준에 대해
한 방향으로 뜻을 모은다.

지금까지 9가지의 변화 과정을 살펴보았지만, 투명하고 포용적인 팀십 모델이 지닌 가장 중요한 약속은 여전히 많은 조직에서 충분히 실현되지 않고 있다. 그것은 바로 조직 전체가 하나의 공동 목표, 즉 '북극성North Star' 아래 공감대를 형성하고 그 목표에 도달하기 위한 우선순위와 불가피한 선택의 기준을 명확하게 공유하고 있느냐는 점이다.

단절된 분위기의 조직에서는 각 부서의 과제와 필요를 제대로 이해하지 못한 채 각자 자신의 영역에 집중하려는 경향이 강하다. 반면 팀십 문화가 자리 잡은 조직에서는 부서 간 경계를 넘나드는 투명한 소통과 유의미한 협업이 가능해진다. 이로써 기업 전체의 공동 목표가 항상 중심에 놓이고, 각 조직 단위는 실시간으로 필요한 조율과 선택을 수행할 수 있게 된다. 이처럼 공동의 목표에 대한 선명한 정렬이 이루어지고, 이를 중심으로 전사적 수준에서 유기적인 판단과 실행이 가능해질 때 각 팀은 자신들의 역할을 넘어 기업 전체의 성과에 함께 책임지는 진정한 의미의 '공동 주체'가 된다.

지금까지는 팀이 특정한 행동 수칙을 실행에 옮기는 방식과 구체적인 실천 사례들에 초점을 맞춰 왔다. 그러나 이 책에 소개된 모든 팀들은 하나의 원칙뿐 아니라 앞서 제시한 9가지 변화 과정을 통합적으로 적용하여 도약적 성과를 이끌어 낼 수 있었다.

이번 장에서는 그러한 변화의 흐름을 유기적으로 결합하여 시장 평균을 능가하는 성과를 만들어 내고 있는 세 개의 팀을 새롭게 소개한다. 이들의 사례를 통해 독자 여러분 역시 팀십과 동반 성장의 행동 원칙을 조직에 적용하고 실천하는 여정에 동참하길 바란다.

혼자 리드하지 마라

P&G에서 실현된 완전한 솔직함, 책임 공유, 협업의 문화

'40분기 연속 성장'이라는 비전. "세제 및 생활용품 사업에서는 전례가 없는 일이었습니다." P&G의 최대 사업 부문 CEO인 순다르 라만Sundar Raman은 이렇게 회고한다.

"우리 모두는 단기 목표와 장기 목표를 동시에 고려하면서도, 오직 하나의 공동 목표를 향해 나아가야 했습니다. 그 경험은 판도를 바꾸는 전환점이었습니다. 구성원들은 깊은 정서적 몰입을 느꼈고, 우리가 함께 모일 때마다 그 열기는 생생하게 느껴질 정도였습니다. 단 하나의 북극성, 즉 공동 목표 아래 모두의 방향이 철저하게 정렬되어 있다는 점이 핵심이었습니다."

이처럼 분명한 방향성과 하나로 모인 힘은 높은 성과를 내는 팀 문화의 핵심 요소에서 비롯된다. 완전한 솔직함, 동료 간의 책임 공유, 자발적인 협업, 그리고 다양한 관점의 포용이 바로 그것이다. 라만은 P&G 내에서 팀십의 원칙과 솔직함의 가치를 다음과 같이 설명한다.

"우리는 2가지 원칙을 가지고 일했습니다. 첫째, 내가 옳은 것보다 결과를 내는 것이 더 중요하다. 둘째, 강하게 부딪히되 깊이 존중하는, 건강한 가족 같은 팀이 되자."

이러한 태도는 3장에서 빌 코너스와 밥 피트먼이 강조했던 내용과도 일맥상통한다. "회의 자리에서 자존심이나 체면을 걱정하는 것은 불필요한 에너지 낭비라는 통찰을 우리는 공유했습니다. 회의에서 개인이 이기거나 지는 것은 중요하지 않아요. 진정한 승패는 시장의 성과로 판가름 나는 것입니다. 그래서 우리는 서로를 불편하게 만들더라도 시장에서 이기는 쪽을 택했고, 모두가 기분 좋은 회의보다는 실질적 성과로 이어지는 논쟁을 중시했습니다."

물론 개인의 기여도는 여전히 중요한 요소였다. 이를 위해 P&G 팀은 각 팀원의 분기 목표와 성과를 시각화한 '개인별 책임 현황판'을 도입하고, 이를 투명하게 공개했다. 이 현황판에는 각 팀원의 얼굴과 이름이 분기별 책임 과제와 함께 표시되었다. 전사 회의가 열릴 때마다 팀원들은 이 현황판을 들고 일어나 자신이 맡은 과업의 결과를 설명해야 했다. 그 성과가 좋든 나쁘든 예외는 없었다.

"초기에는 자신의 얼굴과 이름이 실패와 연결되는 것을 우려한 사람들도 있었습니다." 라만은 설명한다. "그 상황에서 어떤 감정을 느낄지 두려워한 것이죠. 하지만 이 시스템은 오히려 낮은 성과를 방지하려는 강력한 동기가 되었고, 자신이 맡은 일에 대해 더욱 명확히 인식하고 책임지려는 문화를 바라는 이들에게는 매우 환영받는 제도였습니다. 사람들은 이렇게 말했습니다. '어떻게 해야 제 얼굴이 저 차트에 올라갈 수 있죠? 저는 어떤 목표를 맡게 되나요? 제가 배운 것을 모두 앞에서 공유하고 싶습니다.'"

이러한 시스템은 개인의 책임 의식을 자극하는 동시에 팀의 응집력과 공동 성과를 이끄는 긍정적인 동력으로 작용했다.

동반 성장의 원리를 풀다

영업 분야라고 하면 흔히 내부 경쟁이 치열하고 개인 중심의 이기적인 행동이 팽배해 있을 것이라 예상하기 쉽다. 그러나 세계에서 가장 성공적인 영업 조직 중 하나인 세일즈포스Salesforce에서는 전혀 다른 문화를 볼 수 있다. 미겔 밀라노Miguel Milano는 세일즈포스의 사장이자 최고매출책임자CRO로, 글로벌 영업 조직을 총괄하고 있다. 그는 팀십과 동반 성장의 원칙에 기반하여 집단적 협업을 중심으로 한 영업 문화를 이끌고 있다. 밀라노는 영업 리더들이 가장 민감하게 여기는 사안—예를 들어 영업 목표를 설정하거나 부사장 승진 기회를 누구에게 줄 것인지를 결정하는 문제—에 대해 개인별 이익을 앞세워 상부에 로비하는 방식이 아닌 팀 내에서 공동으로 협의하여 결론을 도출하는 방식을 고수한다. 밀라노는 말한다. "나는 리더십을 중요하게 여기지만 팀을 더 중요하게 생각합니다. 나는 우리 팀에게 큰 기대를 걸고 있고, 그들은 서로를 실망시키지 않습니다."

영업 목표를 정할 때 밀라노는 전체적인 목표치를 제시한 다음 최종 수치는 각 팀 리더들이 직접 협의하여 결정하게 한다. "저는 팀에게 이렇게 이야기합니다. 여러분이 서로 조율해서 누가 더 가져가고 누가 조금 덜 가져갈 수 있을지 정해 주세요. 서로를 도우면서 결정해 주세요." 그리고 2주 후, 최고운영책임자가 최종 합의안을 그에게 전달한다. "나는 우리 팀을 신뢰합니다. 이 결정이 공동 합의의 결과라는 점을 팀원들이 느끼기를 바랍니다." 밀라노는 이렇게 덧붙였다.

영업 리더들에게 영업 목표 협의를 맡기지 않을 경우 각자 본인의 목표를 놓고 개별 협상을 해야 한다. 이에 대해 밀라노는 이렇게 설명한다. "공동의 목표를 기준으로 리더들이 스스로 목표를 조율하는 것이 훨씬 효율적입니다. 그들은 거래 현장과 가장 가까운 위치에 있기 때문입니다." 그 결과는 수치로도 나타났다. 세일즈포스는 2024 회계연도에 매출이 11% 증가하여 총 349억 달러를 기록했다. 그해는 세일즈포스의 이사회 의장이자 CEO인 마크 베니오프Marc Benioff가 "변화의 한 해이자 놀라운 전환기였다"고 표현한 시기이기도 하다.

밀라노가 세일즈포스의 매출 성장을 설명하며 제시하는 해답은 동반 성장 행동과 팀십이다. 그는 이러한 중요한 협상에 팀십을 적용할 뿐 아니라, 각 팀이 연간 계획을 수립한 뒤 서로에게 이를 아이디어 검증 훈련하는 과정도 거친다. 이 과정은 도전 과제를 지적하고, 혁신적인 아이디어를 제시하는 방식으로 진행된다. 일반적으로 이런 방식은 방어적인 분위기를 유발할 수 있지만 서로의 성공에 헌신하는 동반 성장형 세일즈 팀에서는 다르다. 그들은 서로의 성공을 위해 열린 마음으로 이 과정을 수행한다.

깊은 유대감과 상호 신뢰가 핵심 동력이다

레바티 아드바이티Revathi Advaithi가 2019년 플렉스Flex의 CEO로 부임했을 때, 그녀가 가져온 것은 단순한 전략의 변화만이 아니었다. 아드바이티는 변화의 소용돌이 속에 있는 오늘날의 비즈니스 환경에서 '팀의 리더란 무엇인가'에 대한 새로운 관점을 제시했다. 그녀는 플렉스에서 처음 CEO를 맡은 인물이자 260억 달러 규모의 디자인 및 제조 전문 기업 역사상 첫 여성 CEO였으며, 전통적으로 남성이 주도해 온 산업 내에서 주목받는 포춘 500 기업의 핵심 경영진으로 발탁된 유색인종 여성이다.

그녀가 세운 전략적 목표는 분명했다. 1969년 실리콘밸리에서 설립된 플렉스를, 세계를 더 나은 방향으로 이끄는 신뢰받는 글로벌 기술·공급망·제조 솔루션 파트너로 자리매김하는 것이었다. 아드바이티는 이렇게 말한다. "많은 사람들이 제조업이라고 하면 산업혁명 시기의 수작업 공장을 떠올립니다. 그렇기 때문에 지금의 플렉스가 제조 혁신과 성장을 선도하는 위치에 있다는 점을 명확히 보여 주는 새로운 전략을 제시하는 것이 매우 중요했습니다."

아드바이티가 비즈니스에 접근하는 방식의 핵심에는 깊은 상호 존중, 진심 어린 관심을 바탕으로 한 개방적 공유, 동료 간의 약속을 지키고 서로에게 책임을 묻는 태도, 그리고 지속적인 학습과 적응의 문화가 자리 잡고 있다. 이러한 요소들은 모두 동반 성장의 행동 원칙이자, 팀십 실천법과 맞닿아 있는 개념이다. 그녀가 팀에 대해 이야기할 때면 팀십이라는 개념에 담긴 인간적인 가치에 대해 얼마나 깊이 공감하고 있는지 자연스럽게 전해진다. 아드바이티는 '의미 있는 유대감'을 통해 개인 간의 신뢰와 관계를 구축하는 일이야말로 동료 간 책임과 협업이 원활히 작동하게 만드는 핵심 동력이라고 말한다. 이는 이 책에서 소개된 10가지 전환의 기반이 되기도 한다. 그녀는 이렇게 설명한다.

"제가 팀원들과 연결되는 방식은 단순합니다. 저는 그들을 단순한 직장 동료로만 대하지 않고 한 사람으로서 이해하려고 합니다. 그들이 어떤 사람인지, 무엇을 즐기는지, 어떤 삶을 살아가는지, 어떤 가치를 중요하게 여기는지 알고 싶어요. 그래서 팀원들과 함께 시간을 보내는 데 많은 노력을 기울입니다. 집으로 초대하기도 하고, 식사를 함께하며 그들이 서로 어떻게 소통하는지도 지켜봅니다. 그렇게 시간이 지나면 우리는 서로에 대한 신뢰와 존중을 쌓게 됩니다. 이런 관계는 하루아침에 만들어지지 않습니다."

이러한 신뢰 기반의 관계 위에서 아드바이티의 팀은 어떤 사안에 대해 그녀의 판단을 요청하기 전에 서로 충분히 논의해 합의된 의견을 도출할 수 있는 팀 문화를 갖추게 되었다. 팀 내부에 형성된 이 행동 약속은 구성원들이 상대의 관점에 호기심을 갖고 귀 기울이는 태도를 이끌어 냈으며, 자기중심적 입장보다는 열린 마음과 상호 존중의 자세로 소통할 수 있는 기반이 되었다. 그 결과 팀은 리더십 집단으로서 더욱 깊이 연결되었고, 모두가 같은 목표를 향해 나아가고 있다는 공동의 인식을 더욱 공고히 할 수 있었다. 그 목표는 바로 플렉스를 더 나은 방향으로 변화시키는 것이었다. 오늘날 플렉스는 포춘지로부터 "전 세계 핵심 제조 기업 중 하나"로 평가받고 있으며 전기차 충전소 시스템, 정밀한 투약이 가능한 웨어러블 약물 주입기, 5G 통신 인프라, 그리고 글로벌 기업들을 위한 생활 가전제품의 설계 및 제조까지 다양한 분야에서 활약하고 있다.

목표를 넘어 문제까지 투명하게 공유하라

세계 최고 수준의 팀에 속한 구성원은 동료들이 현재 어떤 업무를 수행하고 있는지, 어떤 목표가 실행되고 있는지 알고 있으며, 모두가 하나의 중요한 사명을 깊이 공유하고 있다는 것을 안다. 이는 팀이 애자일을 운영 기반으로 성공적으로 채택했을 때 실현되는 약속이다. 이들은 대부분의 팀이 달성하지 못한 것을 이뤄 낸 것이다. 하나의 명확한 방향성과 그 목표에 도달하기 위한 상호 간의 양보와 조정에 대한 합의를 이룬 것이다. 투명성과 포용이 협업 과정 속에 내재되어 있기 때문에 가능한 일이다.

팬데믹 기간 동안 원격 근무 체제에서 팀원들과 함께 일하게 된 일부 관리자들은 종종 이렇게 질문하곤 했다. "팀원들이 제대로 일하고 있는지, 충분히 생산적인지 어떻게 알 수 있죠?" 그에 대한 대답은 명확하다. 만약 당신이 팀원들이 어떤 업무를 하고 있고 얼마나 생산적인지 알 수 없다면, 당신은 팀 내에서 단순한 작업 단위의 명확한 과제(스프린트)를 설정하고 그것이 성과 중심으로 정렬되도록 설계하는 역할을 제대로 수행하지 못한 것이다. 이때 필요한 것이 바로 팀의 새로운 운영 방식으로서의 애자일이다.

P&G의 개인별 책임 현황판과 주요 사업 분야에 대한 정기적인 공개 토론처럼 애자일 방식으로 운영되는 팀은 각 업무 단위가 끝날 때마다 아이디어 검증 훈련을 실시하며, 전체 팀이 조정이 필요한 사항을 명확히 인식할 수 있도록 한다. 이는 세일즈포스의 영업 조직과 플렉스의 팀이 서로 실행하는 방식과도 유사하다. 목표와 상호 의존성, 갈등에 대해 투명하게 공유하고 일관된 방향성으로 정렬되면 어떤 팀이라도 그 비전과 목표를 실현하는 것이 가능해진다.

이러한 정렬이 리더에게 주는 이점은 분명하다. 리더는 시간을 확보해 외부에 더 많은 주의를 기울일 수 있고, 핵심 이해관계자와의 관계를 다질 수 있으며, 조직의 가장 중요한 전략적 질문들을 가져와서 팀과 함께 논의할 수 있게 된다. 리더가 전략을 독점적으로 결정한다는 의미는 아니다. 오히려 리더는 사전에 협의된 방식으로 수렴한 의견을 바탕으로 월 단위의 정기적인 실행 점검 미팅을 주재하면서 다음과 같은 질문을 던진다.

⋯→ 우리 조직이 놓치고 있는 기회는 무엇인가?

⋯→ 우리가 충분히 주의를 기울이지 못하고 있는 위험 요소는
무엇인가?

7장에서 논의한 바와 같이 이는 조직의 미래를 앞서 내다보는
능력을 보장해 준다. 또한 '미래 예측 5분 회의' 같은 팀십 실천
법을 통해 새로운 전략과 방향성이 팀 안에서 자연스럽게 형성
되도록 한다. 기존에는 상상조차 하지 못했던 방향이 팀십이라
는 새로운 운영 시스템을 통해 현실로 구체화되는 것이다.

그리고 다시 한번 강조하자면, 팀 간의 투명하고 포용적인 협
업을 기반으로 애자일 프레임워크를 도입하면 리더는 팀이 각자
의 업무에 몰입하도록 믿고 맡길 수 있게 된다. 구성원들은 더 많
이 참여하고, 더 큰 권한을 갖게 되며, 변화에 대한 회복탄력성을
기르게 된다. 그러나 리더는 대부분 이러한 심리적 안정감을 갖
지 못하고 있다. 실제로 많은 팀이 공동의 목표에 충분히 정렬되
지 않았거나 설령 정렬되었다 하더라도 조직의 상위 사명 수준
에서만 일치하는 경우가 많다. 구체적인 우선순위와 선택의 균
형이라는 더 깊은 차원으로 들어가면 그들의 정렬은 약해진다.

따라서 전사가 공동 목표를 중심으로 정렬하기 위해서는 조직
전반에서 아이디어 검증 훈련과 협업 기반 문제 해결 방식을 도

입하는 것이 반드시 필요하다. 구성원들이 각자의 어려움을 솔직하게 공유할 수 있는 문화가 형성되면 우선순위와 자원이 필요한 지점을 팀 전체가 함께 이해하고 조율할 수 있게 된다. 이 책에서 소개한 팀십 실천법을 일상적으로 적용할 때 조직의 모든 층위에서 자연스럽게 정렬이 이루어진다.

팀십 실천법

이번 장에서는 단절된 사일로 구조에서 정렬된 협업 구조로 전환하기 위한 새로운 실천법을 소개한다.

⋯→ **정렬을 위한 협업 문제 해결:** 이 실천법은 팀 내에서 목표나 관점이 어긋난 영역을 식별하고, 6장에서 소개한 협업 문제 해결CPS 방식을 활용해 그 차이를 조율하고 해결하는 데 도움을 준다.

목표 정렬 진단

1단계: 팀 정렬에 대한 논의

동반 성장, 공동 창조, 프로세스 변화 수용, 애자일 스프린트 방식의 업무 수행, 그리고 새로운 디지털 도구와 인공지능AI의 적극적인 활용을 통해, 지금까지 살펴본 9가지 전환은 조직이 지속적으로 정렬된 상태를 유지할 수 있도록 돕는다. 이러한 변화는 부서 간 장벽을 허물고, 한정된 자원을 차지하려는 경쟁 구도를 넘어설 수 있게 한다. 투명한 정보 공유와 공동의 창조 과정은 구성원 모두에게 책임감을 부여하고 조직 전체의 성과에 더 집중하게 만들기 때문이다.

앞서 다뤘던 훌륭한 팀들을 되돌아볼 필요가 있다. 엑스피니티의 빌 코너스 팀이나 아이하트의 밥 피트먼 팀 모두 서로 협업하고 상호 의존 관계 속에서 가치를 창출함으로써 성과를 냈다. 이 팀들은 업무에 몰입했고, 투명했으며, 하나의 방향성에 정렬되기 위해 감수해야 할 조정 사항들을 솔직하게 공유했다.

대부분의 팀에 부족한 점은 바로 이것이다. 애자일 방식에 대한 헌신, 솔직한 소통, 동료 간 책임 공유, 협업, 동반 성장이라는 문화가 부족하다.

P&G 팀의 사례에서 볼 수 있듯이 정렬은 한 번만 해내면 되는 일이 아니다. 정기적으로 반복할 수 있는 고효율 목표 정렬 실천법이 필요하다. 하나의 방향성에 대한 정렬은 지속적으로, 애자일 스프린트를 통해 유지되어야 한다.

2단계: 진단 질문

모든 팀원은 다음 질문에 대해 1점에서 5점까지 점수를 매긴다.

> **1** 전혀 그렇지 않다 **2** 그렇지 않다 **3** 보통이다 **4** 그렇다 **5** 매우 그렇다

- ⋯→ 모든 팀원은 하나의 공동 목표와 그에 도달하기 위한 우선순위 및 트레이드오프trade-off를 깊이 공유하고 있는가?
- ⋯→ 이 팀은 현상 유지보다 변화와 혁신을 추구하는가?
- ⋯→ 나는 이 팀의 일원인 것이 진심으로 즐거운가?
- ⋯→ 이 팀은 목표를 지속적으로 달성하거나 초과 달성하는가?
- ⋯→ 우리는 팀으로서 우리의 잠재력을 충분히 발휘하고 있는가?

이 설문은 팀의 신뢰를 받는 중립적인 구성원이 주관해야 하며, 각자의 응답은 익명으로 수집한다. 온라인 설문 도구를 사용하거나 페라지 그린라이트 웹사이트에 있는 진단 도구를 활용할 수 있다.

핵심 행동 수칙과 실행 점검 미팅

사일로에서 정렬로 전환하는 데 필요한 핵심 행동 수칙은 다음과 같다. "우리는 하나의 공동 목표와 그 목표에 도달하기 위한 우선순위와 선택의 기준에 대해 한 방향으로 뜻을 모은다."

이 팀십 실천법을 수행한 후 1개월 이내에 실행 점검 미팅을 진행하고, 이후 정기적으로 반복하는 것은 매우 유익하다. 이를 통해 우리가 올바른 방향으로 가고 있는지 점검하고, 새롭게 다짐한 행동 약속이 실천되고 있는지 확인할 수 있다.

팀십 실천법 ㊱ 정렬을 위한 협업 문제 해결

여기서는 6장에서 소개한 협업 문제 해결CPS 방식을 활용한다. 아래 항목들은 하나의 CPS 실천 사례로, 팀이 정렬을 이루는 데 핵심이 되는 질문을 중심으로 구성되어 있다. 팀에게 깊은 성찰을 유도할 수 있는 질문들이다. 6장에서 살펴본 대로, 우선 비동기적으로 아이디어를 수집한 후 회의를 통해 결론을 도출하는 방식이 가장 효과적이다.

1. **우리의 궁극적인 목표는 무엇인가? 그 목표가 실현되었을 때 우리의 세상과 고객의 세상은 어떻게 달라질 것인가?**

   이 질문은 공동 목표에 대한 팀 내 정렬 여부를 빠르게 드러낼 수 있으며, 다양한 제안 중 공통된 방향을 찾는 데 유용하다. 비동기 방식으로 모든 답변을 먼저 수집한 뒤 소규모 그룹이 이를 정리하고, 그 결과를 다시 전체 회의에서 검토한다. 이때 새롭게 정리된 목표가 현실적으로 타당

한지 확인하기 위해 한 차례 더 '아이디어 검증 훈련'을 진행하거나 핵심 쟁점에 대해 팀의 의견을 수렴하기 위해 '의사결정 보드'를 활용할 수 있다.

2. 우리가 목표를 향해 순조롭게 나아가고 있다고 할 수 있는 시점에서, 지금은 존재하지 않지만 예측 가능한 3가지 변화는 무엇일까?

3. 우리의 목표를 달성하기 위해 반드시 넘어야 할 가장 큰 과제나 장벽은 무엇인가?

동의를 통해 핵심 문제로 선별된 과제들에 CPS 실천을 적용하고, 이후 각 과제를 맡은 담당자의 진행 상황을 애자일 스프린트가 끝날 때마다 정기적으로 점검한다.

4. 우리를 가장 쉽게 좌절시키거나 방해할 수 있는 요인은 무엇인가? 그리고 이를 해결하기 위한 제안이 있는가?

이러한 방해 요인을 파악하고 해결책을 찾는 데 효과적인 접근 방식이 바로 의사결정 보드다(6장 참조).

협업 문제 해결과 정기적인 아이디어 검증 훈련은 단발성으로 끝나지 않고 반복적으로 실행되어야 하며, 이를 통해 조직 전반의 관련 구성원들과 더 깊이 있는 공감대를 만들어 갈 수 있다. 나는 조직 내부는 물론 외부와도 함께 협력하는 방식에서 더 큰 지혜와 통찰이 발휘될 수 있다고 믿는다. 이러한 협력은 호기심과 성장 중심 사고방식에서 시작되며, 팀십의 실천을 통해 더 넓은 참여와 공동의 책임으로 확장된다.

팀은 함께 데이터를 모으고, 공동으로 분석하며, 과감한 결정을 내려야 한다. 때로는 이 과정을 연습하기 위해 코치의 도움이 필요할 수 있다. 하지만 결국에는 팀 자체가 서로의 코치가 되어야 하며, 이 책임은 팀 전체에게 있다. 팀십은 모두가 새롭게 길러야 할 하나의 역량이며, 꾸준한 훈련이 필요하다. 정렬을 위한 CPS를 실행할 때마다 우리는 다음 회의에서 다뤄야 할 아직 합의되지 않은 이슈나 새로운 혁신 과제들을 자연스럽게 식별하게 될 것이다.

지금 당장 팀십으로의 전환을 시작하라

이 책은 하나의 운동에 대한 제안이다. 리더십에 대한 전통적인 사고방식을 넘어 오랫동안 주목받지 못했던 팀십의 힘을 다시 조명하자는 강력한 변화의 요청이다. 우리는 앞서 이 힘이 어떻게 공동으로 창조되고 실제로 구현되는지 확인했다. 이제 우리가 할 일은 단 하나, 이 여정을 시작하는 것이다.

당신이 팀의 일원이라면 누구나 팀에 새로운 행동 수칙을 제안할 수 있다. 그리고 팀원들이 어떤 변화를 원하고 있는지 스스로 인식하게 도울 수 있다. 나는 항상 이렇게 말한다. 이 과정을 시작할 때 우리는 완벽함을 기대하지 않는다. 다만 사람들에게 희망과 가능성에 대한 감각이 깨어나길 기대한다. 그렇게 시작된 여정은 결국 더 솔직한 대화, 더 깊은 신뢰, 그리고 개인적인 도전을 마주할 수 있는 문화로 이어진다.

이것은 서로를 위한 진실한 사회적 약속이다. 상대를 비난하거나 깎아내리기 위한 것이 아니다. 그렇기 때문에 우리는 동료들과 의도적으로 더 깊은 관계를 쌓아간다. 그래야만 서로 솔직하게 피드백을 주고받을 수 있으며, 책임을 지는 데 필요한 용기를 계속해서 북돋울 수 있기 때문이다.

진정성과 책임의 실천을 우리는 아이디어에 대한 피드백에서 시작한다. 그리고 이를 다른 동료들과 함께하는 협업 문제 해결로 확장해 나간다. 이 과정은 최신 협업 도구와 인공지능을 활용하여 오늘날의 업무 환경에 맞는 확장된 팀 구성으로 발전하게 된다. 또한 이러한 혁신적인 아이디어가 실행 단계로 전환되면 주요 애자일 스프린트가 끝날 때마다 우리는 아이디어 검증 훈련을 실시한다. 이 과정에서 더 많은 이해관계자를 협업에 참여시키고, 위험 요소를 줄이며, 더 넓은 관점으로 미래를 예측하고,

새로운 혁신의 단초를 발견할 수 있다.

이 모든 과정은 한 번의 정렬로 끝나는 일이 아니다. 반복적이고 유연한 실행을 통해 끊임없이 정렬 상태를 유지하고 발전시키는 과정이 필요하다. 이러한 실천은 우리의 인식을 넓히고, 더 깊고 대담한 통찰을 가능하게 하며, 결국에는 강력한 변화와 혁신의 성과로 이어진다.

이것이 바로 순다르 라만의 방식이다.

이것이 바로 미켈 밀라노의 방식이다.

이것이 레바티 아드바이티, 타랑 아민, 빌 코너스, 패티 포퍼, 그리고 이 책에 소개된 모든 훌륭한 팀십 리더들의 방식이다. 바로 이것이 지금 우리가 여러분에게 함께 시작하자고 제안하는 이유다.

당신의 이야기도 공유해 주길 바란다. 링크드인을 통해 이 실천을 적용한 경험을 나누면, 우리는 서로에게 배우는 사람들의 커뮤니티로 당신을 초대할 것이다. 지금 세상은 서로를 지지하고 코칭할 준비가 된 사람들로 구성된 새로운 운동을 필요로 한다. 서로에게 동료이자 코치가 되는 관계, 그리고 함께 더 나은 업무 방식을 만들어 가는 팀의 문화 말이다.

나는 이 새로운 팀십 실천법을 직장에서 받아들인 사람들이 종종 가정에서도 긍정적으로 관계가 변화하는 모습을 목격해 왔다. 확장된 팀 구성을 통해 이 실천을 세상 전체로 확장할 때 우리는 새로운 협업 방식, 새로운 팀십 도구와 과정, 새로운 동반 성장 행동, 새로운 참여 문화를 만들 수 있다. 그리고 그때, 세상은 지금보다 훨씬 더 나은 곳이 되어 있을 것이다.

이 책을 어떻게 활용할지에 대해서는 정해진 방식이 없습니다. 여러분과 여러분 팀의 선택에 따라 자유롭게 결정할 수 있습니다. 다만 추천하고 싶은 방식은 다음과 같습니다. 먼저 팀 전체가 이 책을 처음부터 끝까지 한 번 읽습니다. 그다음 '실행 점검 미팅'을 통해 짧은 주기의 팀십 스프린트 방식으로 실행해 나가는 방식입니다. 팀 구성원이 모두 책을 읽은 뒤에는 각 장에서 제시된 전환을 하나씩 논의하며 팀십 실천법을 차례대로 도입해 나갈 것을 권합니다. 하나의 전환을 2주 혹은 한 달마다 진행하는 것이 좋습니다.

초기 실행 단계에서는 팀원 중 한 명이 이 과정을 주도하거나 필요에 따라 외부 퍼실리테이터나 코치의 도움을 받을 수도 있습니다. 이 역할은 팀에서 이 여정에 진심으로 전념하는 사람이라면 누구든 맡을 수 있으며, 필자의 조직에 지원을 요청해도 좋습니다. 단순히 책의 내용을 따라가는 것 이상의 프로세스가 있기는 하지만, 이 책 자체도 팀이 각 장의 내용을 그대로 따라 실행하며 자율적으로 운영할 수 있도록 설계되어 있습니다.

첫 번째 실행 점검 미팅에서는 2장과 3장을 함께 다룹니다. 이 두 장에서 제공하는 진단을 실시한 후 3장에서 소개한 팀십 실천법을 실제로 적용하기 시작합니다. 그로부터 2~4주 후 열리는 두 번째 실행 점검 미팅에서는 첫 번째 실행 주기에서 시도한 솔직한 피드백에 대해 회고합니다. 이와 함께 4장의 의도적인 유대감 형성에 대해 토론하고 진단한 뒤 해당 장에서 제안된 팀십 실천법을 적용하기 시작합니다.

이런 식으로 각 장의 흐름을 따라가며 팀은 새로운 전환 개념과 팀십 실천법을 차례로 논의하고, 진단하고, 실습해 보게 됩니다. 그 후 팀 차원에서 정기적으로 모든 행동 수칙을 점검하고, 회고를 진행하며, 전체 진단을 종합적으로 실시하는 것이 좋습니다. 이러한 점검 과정은 매 분기 또는 6개월에 한 번씩 반복해서 실행해야 팀십을 안정적으로 정착시킬 수 있습니다.

가장 먼저 감사드려야 할 분은 공동 저자인 폴 힐Paul Hill입니다. 그는 이 프로젝트가 20년에 걸친 연구를 1년 안에 정리하는 작업일 거라 생각하고 합류했습니다. 그러나 그로부터 5년이 흘렀고, 긴 시간 동안 보여 준 그의 인내심과 동반 성장, 공동 창조의 역량 덕분에 이 책이 완성될 수 있었습니다. 또한 그의 아내 사벨린에게도 깊은 감사를 전합니다. 그녀의 헌신과 응원이 없었다면 우리는 결승선에 도달하지 못했을 것입니다. 이 지면을 빌려 진심으로 감사의 마음을 전합니다.

이 책은 팀을 성장시키고 세상을 변화시키겠다는 열정을 가진 리더, 변화의 추진자, 기업가들이 나눠 준 통찰 덕분에 존재합니다. 감사의 뜻을 전하고 싶은 분들로는 마이클 애커바우어, 레바티 아드바이티, 타랑 아민, 페드로 카릴료, 캐롤 클레먼츠, 빌 코너스, 맨디 필즈, 조지 피셔, 제이슨 그린, 드류 휴스턴, 프랜신 카추다스, 아르빈드 크리슈나, 니클 라모로, 엔리케 로레스, 코리 마르키소토, 후안 마르틴, 미겔 밀라노, 매트 퓰렌웨그, 밥 피트먼, 모니카 폴 녹스, 패티 포피, 케리 프레스턴, 순다르 라만, 척 로빈스, 레이철 로머, 칼릴 스미스, 에릭 스타크로프, 롭 토마스, 세르게이 영이 있습니다. 이들의 비전과 헌신은 각 장을 구성하는 데 큰 도움을 주었으며, 이에 깊이 감사드립니다.

또한 우리 여정의 여러 단계에서 소중한 의견과 아이디어를 나눠 주었지만 책 속에는 이름이 등장하지 않는 많은 훌륭한 분들이 있습니다. 프랭크 블레이크, 베카라 슈케어, 브라이언 코넬, 로리 디굴라, 파마 프란시스코, 토머스 쿠리안, 아이린 머허니, 대런 머프, 마크 로이스, 알렉시 로비쇼, 댄 슐만, 댄 샤피로, 닉 손넨버그, 애스트로 텔러, 길 웨스트. 이들의 생각 역시 책의 깊이에 큰 영향을 미쳤습니다.

오랜 시간 동안 동반 성장의 친구이자 삶의 롤모델이 되어 준 제프와 베스 모리에게도 감사의 뜻을 전합니다. 그리고 잭, 하코보, 마이클, 팀, 샤디에게도 감사드립니다. 이들은 동반 성장이라는 개념을 몸소 보여 준 사람들이었습니다.

엄마, 인생의 여정을 나와 함께 성장해 줘서 감사합니다. 그리고 피터 디아만디스, 언제나 그 자리에 있어 주셔서 감사합니다.

감사의 말

폴의 말

지혜롭고 따뜻한 아내 사벨린, 그리고 네 자녀에게도 고마운 마음을 전합니다.

책을 집필하는 동안 많은 주말을 잃었지만, 가족의 사랑과 응원이 큰 힘이 되었습니다.

다나 젤리차는 나에게 마음챙김mindfulness을 소개해 주었고, 이 책을 쓰는 동안 내 삶을 근본적으로 변화시켰습니다. 그에 대한 감사는 말로 다 표현할 수 없습니다.

또한 키이스가 소개해 준 세 분의 멘토에게도 깊은 감사의 마음을 전합니다.

수잔 소보트, 케이 워커, 존 갤빈. 여러분의 조언과 우정이 큰 힘이 되었습니다.

키이스와 폴로부터

언제나 특별한 감사를 전하고 싶은 분이 있습니다. 우리의 문학 에이전트 에즈먼드 하름스워스. 책의 방향이 불분명할 때마다 나침반 같은 조언과 아이디어를 전해 주셨습니다. 하퍼콜린스HarperCollins의 홀리스 하임부크와 그녀의 팀에도 감사드립니다. 특히 편집자 커비 샌드마이어는 이 책의 완성도를 높이기 위해 끊임없는 노력을 아끼지 않았고, 독자의 관점에서 날카로운 질문을 던져 주었습니다. 코디 톰슨은 이 프로젝트 초기 단계에서 중요한 질문과 연구 통찰을 제공해 주었습니다. 코디, 당신의 기여는 마지막까지 큰 의미가 있었습니다. 고맙습니다. 초고를 비판적으로 검토하고, 값진 피드백을 통해 최종 원고의 방향을 함께 잡아 주신 많은 훌륭한 분들께도 감사드립니다.

산디프 앙그라, 션 베어, 저스틴 최('Never Lead Alone'이라는 제목을 제안해 준 분—정말 놀라운 아이디어였습니다), 수케투 간디, 데이비드 키더, 산디프 쿨카르니, 팻 세인트 로랑, 앨런 메이, 샤디 메이, 킴 리처즈(몇 년 전 처음으로 나에게 '팀십'이라는 단어를 언급한 분), 렌 슐레징어, 아이빈드 슬라안, 크리스티 스미스, 매트 월터가 있습니다. 페라지 그린라이트 팀 전체에도 고마움을 전합니다.

프로젝트 초기부터 함께해 준 짐 해년, 당신의 지원 없이는 여기까지 올 수 없었습니다.

다이앤 브라운, 해리스 파나로프, 마이크 에르난데스, 레이디 앤 후안, 헥터 루나, 개빈 맥케이, J.J. 메초소, 클레어 나나디에고, 로넨 올샨스키, 케이틀린 패런트, 대런 라인키, 조시 사비노, 메리 슈니트커, 킴벌리 스튜어트, 모건 윌리엄스—모두 진심으로 감사드립니다.

10가지 팀십 전환별
핵심 행동 수칙과 진단 질문

2장: 팀을 끌어올리는 동반 성장 문화

✓ **핵심 행동 수칙**

우리는 팀의 모든 목표에 동등하게 헌신하며, 서로가 그 목표에

도달할 수 있도록 돕는다.

3장: 완전한 솔직함을 뿌리내리기

✓ **핵심 행동 수칙**

우리는 용기 있게 말한다.

? **진단 질문**

- 모든 팀원은 위험이 따르거나 자신의 전문 영역을 벗

어나는 주제라 하더라도 서로에게 직접적으로 이의를 제기할 의지가 있는가?

- 모든 팀원은 서로의 약속과 결과에 대해 적극적으로 책임을 묻고 있는가?

4장: 서로를 책임지는 팀으로의 전환

✓ **핵심 행동 수칙**

우리는 서로의 성공을 자신의 책임으로 받아들인다.

? **진단 질문**

- 모든 팀원은 서로가 기여하는 바를 존중하고 가치 있게 여기는가?
- 모든 팀원은 서로 배려와 신뢰, 지지를 기반으로 한 관계를 구축했는가?
- 모든 팀원은 팀의 성공에 핵심적인 외부 네트워크와의 관계를 적극적으로 발전시키며, 그들을 우리 팀의 실질적 지지자로 전환하기 위해 노력하는가?

5장: 흔들리지 않는 팀을 만드는 회복탄력성

✓ **핵심 행동 수칙**

우리는 서로를 북돋운다.

- 모든 팀원은 서로의 에너지를 끌어올리는 데 책임감을 느끼고 있는가?

6장: 경계 없는 협업을 위한 폭넓은 연결

✓ 핵심 행동 수칙

우리는 대담한 혁신을 위해 폭넓게 협력한다.

우리는 협업의 질을 높이기 위해 기술을 적극 활용한다.

? 진단 질문

- 우리는 팀원 간의 상호 의존성을 통해 의미 있고 실질적인 가치를 창출하고 있는가?
- 우리는 위계나 직위에 의존하는 문화에 가로막혀 있지 않은가?
- 우리는 팀의 공동 목표 달성을 위해 끝까지 함께 완주하고 있는가?
- 우리는 각자의 약속을 지키고 결과에 대해 스스로 책임을 지고 있는가?
- 회의는 꼭 필요할 때만 진행하며, 새로운 협업 도구와 AI를 활용해 효율적으로 운영되고 있는가?
- 우리는 혁신적인 해결책을 찾기 위해 포용적인 태도

로 다양한 의견과 폭넓은 참여를 유도하고 있는가?

7장: 더 유연한 애자일 운영 방식

✓ **핵심 행동 수칙**

우리 팀의 운영체제는 애자일이다.

? 진단 질문:

- 우리는 애자일 원칙을 업무 방식에 적용하고, 새로운 정보나 상충하는 요구가 있을 때 우선순위를 반복적으로 조정하며 유연하게 대응하고 있는가?

8장: 성과를 높이는 칭찬과 인정의 힘

✓ **핵심 행동 수칙**

우리는 서로의 성과를 함께 축하한다.

? 진단 질문

- 모든 팀원은 서로의 성공을 격려하고 축하하는가?

9장: 포용을 넘어 소속감으로 완성되는 팀

✓ **핵심 행동 수칙**

우리는 다양한 사람과 다양한 목소리가 혁신적 성과를 만든다고 믿는다.

10장: 서로를 코칭하며 함께 성장하는 팀

✓ **핵심 행동 수칙**

우리는 서로를 코칭한다.

? **진단 질문**

- 우리는 탐구하는 팀인가? 모든 팀원은 자신의 성장 과제를 인지하고 이를 공개적으로 공유하며 개선을 위해 노력하고 있는가?
- 우리는 서로의 코치인가? 모든 팀원은 서로의 성장에 진심으로 투자하며 동료의 역량과 기술 향상을 위해 적극적으로 코칭을 제공하고 있는가?

11장: 공동의 목표, 하나의 지향점을 찾아서

✓ **핵심 행동 수칙**

우리는 하나의 공동 목표와 그 목표에 도달하기 위한 우선순위와 선택의 기준에 대해 한 방향으로 뜻을 모은다.

? **진단 질문**

- 모든 팀원은 하나의 공동 목표와 그에 도달하기 위한 우선순위 및 트레이드오프trade-off를 깊이 공유하고 있는가?
- 이 팀은 현상 유지보다 변화와 혁신을 추구하는가?

- 나는 이 팀의 일원인 것이 진심으로 즐거운가?
- 이 팀은 목표를 지속적으로 달성하거나 초과 달성하는가?
- 우리는 팀으로서 우리의 잠재력을 충분히 발휘하고 있는가?

1장. 팀십, 성과를 극대화하는 비밀 코드

46쪽 "우리는 새로운 생각을 통해 새로운 행동을 배우는 것이 아니라, 새로운 방식으로 행동함으로써 새로운 생각을 배운다."

: 《혼자 일하지 마라》 집필을 준비할 당시 알코올 중독 회복(Alcoholics Anonymous) 프로그램에서 이 표현을 처음 접했다.

3장. 완전한 솔직함을 뿌리내리기

83쪽 페라지 그린라이트 웹사이트에 있는 진단 도구

https://ferrazzigreenlight.com/high-impact-team-assessment-questionnaire/.

94쪽 "지원자에게 진짜 모습을 보여 주세요. 특히 힘든 부분을요. 조직의 원칙이 실제로 어떻게 작동하는지도 보여 줘야 합니다. 그래야 그 사람이 실제로 이 조직의 현실을 감당할 수 있는지 사전에 점검할 수 있습니다."

Ray Dalio, 「Work Principle: Show Candidates Your Warts」, 작성 연도 미상 (n.d.), 2024년 2월 24일 접속, https://www.principles.com/principles/af0ca990-6eb9-45cd-bf07-b12580fafafa/

4장. 서로를 책임지는 팀으로의 전환

110쪽 페라지 그린라이트 웹사이트에 있는 진단 도구

https://ferrazzigreenlight.com/high-impact-team-assessment-questionnaire/.

119쪽 "북부 캘리포니아의 작은 마을 파라다이스를 집어삼킨 초대형 산불"

Ivan Penn, 「PG&E Ordered to Pay $3.5 Million Fine for Causing Deadly Fire」, The New York Times, 2020.06.18. https://www.nytimes.com/2020/06/18/business/energy-environment/pge-camp-fire-sentenced.html

5장. 흔들리지 않는 팀을 만드는 회복탄력성

130쪽 "업무 압박으로 고통받는 이들도 60%에 이른다."

Daniella Codella, 「World Mental Health Day Highlights the Need for Mental Health Support」, BetterUp 블로그, 2022, 2024년 3월 25일 접속, https://www.betterup.com/blog/mental-health-support-needs

131쪽 "결근 감소"

「National Safety Council and NORC at the University of Chicago Announce New Mental Health Cost Calculator to Demonstrate Why Investing in Mental Health Is Good for Business」, NORC at the University of Chicago, 2021, 2024년 3월 25일 접속, https://www.norc.org/research/library/national-safety-council-and-norc-at-the-university-of-chicago-an.html

134쪽 페라지 그린라이트 웹사이트에 있는 진단 도구

https://ferrazzigreenlight.com/high-impact-team-assessment-questionnaire/.

139쪽 〈직장 내 정신 건강과 웰빙을 위한 프레임워크〉

Office of the Surgeon General, 『U.S. Surgeon General's Framework for Workplace Mental Health & Well-Being』, 2022, https://www.hhs.gov/sites/default/files/workplace-mental-health-well-being.pdf

6장. 경계 없는 협업을 위한 폭넓은 연결

168쪽 페라지 그린라이트 웹사이트에 있는 진단 도구

https://ferrazzigreenlight.com/high-impact-team-assessment-questionnaire/.

183쪽 "회의 중 최소 1/3은 불필요한 것으로 나타났다"

Otter.ai, Steven G. Rogelberg, 「The Cost of Unnecessary Meeting Attendance」, 2022년 9월 26일, https://public.otter.ai/reports/The_Cost_of_Unnecessary_Meeting_Attendance.pdf

184쪽 "아무 결정도 내리지 않는 회의"

Olivia R. Royle, 「Shopify's CFO Explains How Its New Meeting Cost Calculator Works, and How It Will Cut 474,000 Events in 2023: 'Time Is Money'」, Fortune, 2023년 7월 13일, 2024년 3월 25일 접속, https://fortune.com/2023/07/13/shopify-meeting-cost-calculator-expert-warning/

7장. 더 유연한 애자일 운영 방식

193쪽 "전략적 변화 프로그램"

Ron Carucci, 「Executives Fail to Execute Strategy Because They're Too Internally Focused」, Harvard Business Review, 2017년 7월, 2024년 3월 25일 접속, https://hbr.org/2017/11/executives-fail-to-execute-strategy-because-theyre-too-internally-focused

201쪽 페라지 그린라이트 웹사이트에 있는 진단 도구

https://ferrazzigreenlight.com/high-impact-team-assessment-questionnaire/.

201쪽 "고객 만족이 가장 높은 우선순위다"

Kent Beck, Mike Beedle 외, 「Principles Behind the Agile Manifesto」, 2001, 2024년 3월 25일 접속, https://agilemanifesto.org/principles.html

8장. 성과를 높이는 칭찬과 인정의 힘

225쪽 페라지 그린라이트 웹사이트에 있는 진단 도구

https://ferrazzigreenlight.com/high-impact-team-assessment-questionnaire/.

232쪽 "오프라 윈프리가 한 이야기"

하버드대학교 졸업식 연설, 2013.

10장. 서로를 코칭하며 함께 성장하는 팀

268쪽 페라지 그린라이트 웹사이트에 있는 진단 도구

https://ferrazzigreenlight.com/high-impact-team-assessment-questionnaire/.

273쪽 "타인이 우리를 인식하는 모습"

Scott Edinger, 「You Are Not the Best Judge of You」, Harvard Business Review, 2011년 11월, 2024년 3월 25일 접속, https://hbr.org/2011/11/you-are-not-the-best-judge-of

276쪽 "5/5/5 형식"

Stewart D. Friedman, 「How to Get Your Team to Coach Each Other」, Harvard Business Review, 2015년 3월, 2024년 3월 25일 접속, https://hbr.org/2015/03/how-to-get-your-team-to-coach-each-other

11장. 공동의 목표, 하나의 지향점을 찾아서

286쪽 "변화의 한 해"

「Salesforce Announces Strong Fourth Quarter and Fiscal 2024 Results」, Salesforce, 보도자료, 2024년 3월 31일, 2024년 3월 31일 접속, https://investor.salesforce.com/press-releases/press-release-details/2024/Salesforce-Announces-Strong-Fourth-Quarter-Fiscal-2024-Results/default.aspx

290쪽 "생활 가전제품의 설계 및 제조"

「Most Powerful Women 2022: Revathi Advaithi」, Fortune, 2022년 10월 11일, 2024년 3월 31일 접속, https://fortune.com/ranking/most-powerful-women/2022/revathi-advaithi/

295쪽 페라지 그린라이트 웹사이트에 있는 진단 도구

https://ferrazzigreenlight.com/high-impact-team-assessment-questionnaire/.

혼자 리드하지 마라

1판 1쇄 **인쇄** 2026년 4월 15일
1판 1쇄 **발행** 2026년 4월 20일

지은이 키이스 페라지
옮긴이 이소영

발행인 양원석 **편집장** 최두은 **책임편집** 김난아
디자인 신자용, 김미선 **영업마케팅** 윤송, 김지현, 최현윤, 유민경, 김수윤

펴낸 곳 ㈜알에이치코리아
주소 서울시 금천구 가산디지털2로 53, 20층 (가산동, 한라시그마밸리)
편집문의 02-6443-8857   **도서문의** 02-6443-8800
홈페이지 http://rhk.co.kr
등록 2004년 1월 15일 제2-3726호

ISBN 978-89-255-6956-7 (03320)

Never Lead *Alone*